Pierluigi Peruzzi

Atlantis im Saturnsystem

Die mögliche Herkunft
des Menschen von Titan,
einem Mond des Saturns

Pierluigi Peruzzi

Atlantis im Saturnsystem

Eine Theorie über die Herkunft des Menschen.

Eine erklärungsbedürftige Theorie des Autors

Bibliografische Information der Deutschen Nationalbibliothek:
Die Deutsche Nationalbibliothek verzeichnet diese Publikation in der Deutschen Nationalbibliografie; detaillierte bibliografische Daten sind im Internet über http://dnb.d-nb.de abrufbar.

© 2017 Pierluigi Peruzzi, Autor

Lektorat:
Manfred Greifzu

Herstellung und Verlag:
BoD – Books on Demand, Norderstedt

ISBN: 978-3-7431-8071-0

Inhaltsverzeichnis

Vorwort 9

Kapitel 1
Wissenschaftliche Fakten
und unser Sonnensystem 11
1.1 Die klar erkannten Minisonnen im Weltraum 11
1.2 Die Sonden Cassini und Huygens 15
1.3 Saturn und sein System 17
1.4 Titan, Mond des Saturns 20
1.5 Die heutigen Kenntnisse über Titan 21
1.6 Organische Verbindungen in der Atmosph. v.Titan 22
1.7 Schlusswort zum Kapitel 24

Kapitel 2
Die Sage von Atlantis 25
2.1 Einleitung 25
2.2 Die verschiedenen Ringsysteme 28
2.3 Das platonische Atlantis 29
2.4 Die Schlamminsel in den platonischen Schriften 29
2.5 Die vergessenen und lückenhaften Überlieferungen 31
2.6 Kleito und Poseidon 32
2.7 Die Götter 33

Kapitel 3
Midgard, Nibiru 35
3.1 Midgard - Das nordeuropäische Ringsystem 35
3.2 Die Schöpfung in der germanischen Mythologie 37
3.3 Die germanischen Mythologie 39
3.4 Fazit zu Midgard 41
3.5 Nibiru 44
3.6 Nibiru als Planeten oder Kometenbezeichnung 45
3.7 Midgard & Nibiru - Die Gemeinsamkeiten 46
3.8 Die Erschaffung der Erde 47
3.9 Schlusswort zum Kapitel 48

Kapitel 4
Die darwinsche Evolutionstheorie   **49**
4.1 Einleitung   49
4.2 Das Kambrium als Entstehung des Lebens   49
4.3 Die mögliche Entwicklung
    von "kambriumfähigen" Planeten   50
4.4 Kleinere und äussere Planeten und Satelliten   50
4.5 Die mögliche Entstehung
    einer biologischen Natur auf Titan   53
4.6 Die chemischen Grundstoffe des Menschen   53
4.7 Die Atmosphäre von Titan   54
4.8 Die mögliche Entstehung
    des Homo Sapiens, des Menschen   54
4.9 Die Entwicklung einer menschlichen Hochkultur   56
4.10 AT, Jesaja, Kapitel 40   58
4.11 Was macht eine menschliche Hoch-zivilisation?   60
4.12 Die Abkühlungsperiode im Saturnsystem   60
4.13 Die Zwischeneiszeit und
    neue Wärme durch die Sonne   62
4.14 Die zweite, grosse Abkühlung vor 100'000 Jahren   62
4.15 Das Ende der letzten Eiszeit
    auf der Erde vor ca. 10'000 Jahren   63
4.16 Atlantis, Lemuria, Nibiru, Mu oder Midgard   64

Kapitel 5
Die Saturnringe   **67**
5.1 Annahme   67
5.2 Schubgase der eventuell existierten Raumschiffe   68
5.3 Beweise und Indizen   69

Kapitel 6
Die Erde als Menschenfeindlicher Planet   **71**
6.1 Vorwort
6.2 Sachliches   72
    6.2.1 Die Ursuppe   72
6.3 Die richtige Temperatur für das Entstehen d. Ursuppe   72
6.4 Die giftigen Schwermetalle im Erdmantel   74
6.5 Die starke Gravitation und die starken Winde   75
6.6 Vergleich der Planeten in unserem Sonnensystem   76

Kapitel 7
Gottes Abbild oder die Züchtung des Menschen 81
7.1 Die Oberflächenschwerkraft der Erde 81
7.2 Nun beschliessen Sie,
  einen neuen Menschen zu züchten 82
7.3 Die ehemaligen Riesenmenschen auf der Erde 85
7.4 Das ungebremste Wachstum eines Menschen 89
7.5 Die starken Indizien meiner Theorie
  über die Herkunft des Menschen 89
7.6 Woher kamen die erschaffenden Götter? 91
7.7 Warum haben "die Götter"
  den Menschen neu erschaffen? 93
7.8 Die Erschaffung des richtigen Menschen
  für den Planet Erde 94
7.9 Weitere Indizien 95
7.10 Interstellare Raumfahrt 95
7.11 Fazit

Kapitel 8
Die mögliche Existenz weiterer
lebensfreundlicher Planeten 97
8.1 Die Wahrscheinlichkeitsrechnung 97
8.2 Die richtige Temperatur für die Ursuppe 98
8.3 Die Drehung (Rotation) des Planeten im richtigen Takt 99
8.4 Eine bestimmte Lichtmenge (vielleicht auch nicht) 100
8.5 Die Atmosphäre eines Planeten 100
8.6 Das Wasser 100

Kapitel 9
Ein Tropfen Meerwasser 101
9.1 Einleitung 101
9.2 Der Belebung eines sterilen Planeten 101
9.3 Annahmen und Fakten 102

Kapitel 10
Die Grenzen der menschlichen Phantasie
und dessen Intelligenz 107
10.1 Allgemein 107

Kapitel 11
Das Generationenraumschiff   **109**
11.1 Allgemeines   109
11.2 Das "selbstgebaute Generationenraumschiff   109
11.3 Interstellare Raumfahrt mit der heutigen Technik   110
11.3 Das Generationenraumschiff, Typ Phobos   110
11.4 Bedingungen   111
11.5 Aussehen und Grössenordnung   112
11.6 Die Panzerung gegen Mikroasteroiden   113
11.7 Das Haupttriebwerk: 115
11.8 Die Besatzung und das Überleben   116

Kapitel 12 - Fazit   **117**
12.1 Fazit zum möglichen Atlantis ausserhalb der Erde   117

Vorwort

Atlantis selbst habe ich immer als ein mystisches Märchen betrachtet. Die Vorstellung eines ehemals existierenden Kontinentes voller Menschen, der in den Fluten des Meeres versunken sein soll, war für mich rational nicht fassbar und schlichtweg nicht glaubhaft.

Auf der Suche nach der Herkunft des Menschen konnte ich mit den Jahren immer mehr Informationen zusammentragen und mich entsprechend informieren, so dass ich die Möglichkeit der ehemaligen **Existenz von irgend Etwas,** dass eine frühere Hochkultur hätte darstellen können, nicht mehr so einfach ignorieren konnte.

Zudem gehöre ich zu denjenigen, die die Herkunft des Menschen ausserhalb der Erde vermuten. Also eine darwinsche Entwicklung, die irgendwo in unserem Sonnensystem oder in einem benachbarten Sonnensystem stattgefunden haben könnte.

In diesem Buch nenne ich diese frühere Hochkultur einfach **Atlantis** - hätte sie aber auch **Midgard, Lemuria oder Nibiru** nennen können. Die Bezeichnung Atlantis verwende ich vor allem, weil es ganz klar in Richtung einer früheren Hochkultur zeigt.

Ich will jedoch nicht in eine irrationale Denkweise verfallen, die von reiner Phantasie geprägt ist. Vielmehr will ich meine eigene Hypothese über den Verbleib bzw. die Lokalisierung von Atlantis, Midgard, Lemuria oder Nibiru an harten Fakten wie steinernen Überbleibseln, wissenschaftlich fundierten Erkenntnissen und der Heranziehung alter Mythen aus aller Welt orientieren. Ebenso halte ich die momentan gängigen Theorien zur Entstehung und Entwicklung des menschlichen Lebens auf der Erde für komplett unglaubwürdig. Der kleine Planet namens Erde kann in der sachlichen Wissenschaft keine Vorzugsbehandlung erhalten. Dies steht im kompletten Widerspruch zur mathematischen Wahrscheinlichkeitsrechnung.

Die Behauptung, nur auf der Erde könne Leben entstanden sein, ist rein psychologisch und religiös zu betrachten.

So benenne ich meine Theorie einfach Atlantis, die jedoch im starken Widerspruch zu den bereits vorhandenen Theorien steht.

Wünsche Euch viel Spass beim Lesen meiner Theorien.

Pierluigi Peruzzi, Januar 2017

Kapitel 1
Wissenschaftliche Fakten und unser Sonnensystem

Vorerst einmal die wissenschaftlich anerkannten Aspekte als Basis meiner Überlegungen.

Oben: Hubble teleskop, Foto NASA, USA

1.1 Die klar erkannten Minisonnen im Weltraum

Dank der neuen Teleskope, die seit Jahren in einer Umlaufbahn um die Erde kreisen und der neusten technischen Einrichtungen, wissen wir heute sehr gut, dass es eine nicht endende Anzahl von kleinen braunen Sonnen gibt.

D.h. Sonnen in der vergleichbaren Grösse zum Jupiter und sogar viel kleinere, die um andere Sonnen kreisen. Aber um eine kleine, braune Sonne zu sein, muss man vorerst einmal ein kleiner, glühender Stern gewesen sein. Zumindest ein Brauner oder Roter Zwerg.

Nun zitiere ich **Wikipedia** (Okt. 2016, Hervorhebungen durch den Autor):

***Ph.D. Dr. Shiv S. Kumar** (indischer Physiker und Universitätsprofessor) stellte 1963 erstmals Überlegungen an, dass beim Entstehungsprozess der Sterne auch Objekte entstehen könnten, die aufgrund ihrer niedrigen Masse nicht die zur Wasserstofffusion erforderliche Temperatur erreichen (S. Kumar: The Structure of Stars of Very Low Mass. In: Astrophysical Journal. 137, 1963, S. 1121. doi:10.1086/147589.), der Name Brauner Zwerg wurde jedoch erst 1975 durch Jill Tarter vorgeschlagen (Jill Tarter: 50 Years of Brown Dwarfs – From Prediction to Discovery to Forefront of Research. Springer. S. 19–24.). Der Name ist zwar im eigentlichen Sinne nicht richtig, **da auch Braune Zwerge rot erscheinen**, aber der Begriff Roter Zwerg war schon für die leichtesten Sterne vergeben.*

In den 1980ern wurden verschiedene Anläufe unternommen, diese hypothetischen Körper zu finden, aber erst 1995 wurde mit Gliese 229 B der erste Braune Zwerg zweifelsfrei nachgewiesen. Entscheidend hierfür waren zum einen deutliche Fortschritte in der Empfindlichkeit der Teleskope, zum anderen wurden aber auch die theoretischen Modelle verbessert, die eine bessere Unterscheidung zu schwach leuchtenden Sternen ermöglichten. Innerhalb weniger Jahre wurden mehrere hundert Braune Zwerge nachgewiesen, die Anzahl weiterer möglicher Kandidaten liegt ebenfalls in dieser Größenordnung.

Die Untersuchung der Braunen Zwerge steht noch am Anfang, hat aber, vergleichbar der Öffnung neuer Beobachtungsfenster oder der Entdeckung anderer neuer Effekte, bereits heute viel zu unserem Wissen und Verständnis des Universums beigetragen.

Hervorzuheben wären zum Beispiel die "Braunen Zwerge" **WISE1828**, **Gliese 229B** und **Teide 1**. All diese sind kleiner als Jupiter.

Das sind Fakten, denn die neuen Teleskope haben diese Theorie bestätigt.

Wenn man die Äusserungen von **Ph.D. Dr. Shiv S. Kumar** liest, die später durch die neuen Teleskope bestätigt wurden, so erscheint meine Theorie der 3 Sonnen in unserem Sonnensystem real möglich. Ich würde sogar sagen, ein echtes, starkes Indiz.

Vor 2 - 4 Milliarden Jahren dürften also Jupiter und Saturn "Minisonnen" oder rotglühende "Braune Zwerge" gewesen sein. D.h. unser Sonnensystem hatte wahrscheinlich 3 Sonnen.

Oder anders herum: 1 Sonne und 2 rotglühende Riesenplaneten, die eine starke thermische Strahlung ausstrahlten.

Somit dürfte damals auf dem Saturnmond **Titan** ähnliche Verhältnisse wie auf unserer heutigen Erde geherrscht haben, bei einer viel niedrigerer Schwerkraft von nur 0.14 g (Erde 1 g).

Zufall? Victory Stele von Naram-Sin, ca. 2200 v.Ch, mit 3 Sonnen.

1.2 Die Sonde Cassini (NASA), zusammen mit dem Lander Huygens (ESA)

Oben Facsimile der Sonde Hugyens, Foto NASA, ESA

Die meisten, heutigen Erkenntnisse über Titan verdanken wir der NASA und der ESA.

- 15. Oktober 1977, die aneinandergekoppelten Sonden Cassini und Huygens starteten von Cape Canaveral.
- 1. Juli 2004 erreichte Cassini die Umlaufbahn um den Saturn.
- 14. Januar 2005 landete Huygens auf Titan und sandte über 70 Minuten Daten an Cassini.

Die Daten, die die Sonde Huygens sammelte, wurden an die Sonde Cassini weitergeleitet. Diese wiederum sendete sie zur Erde.

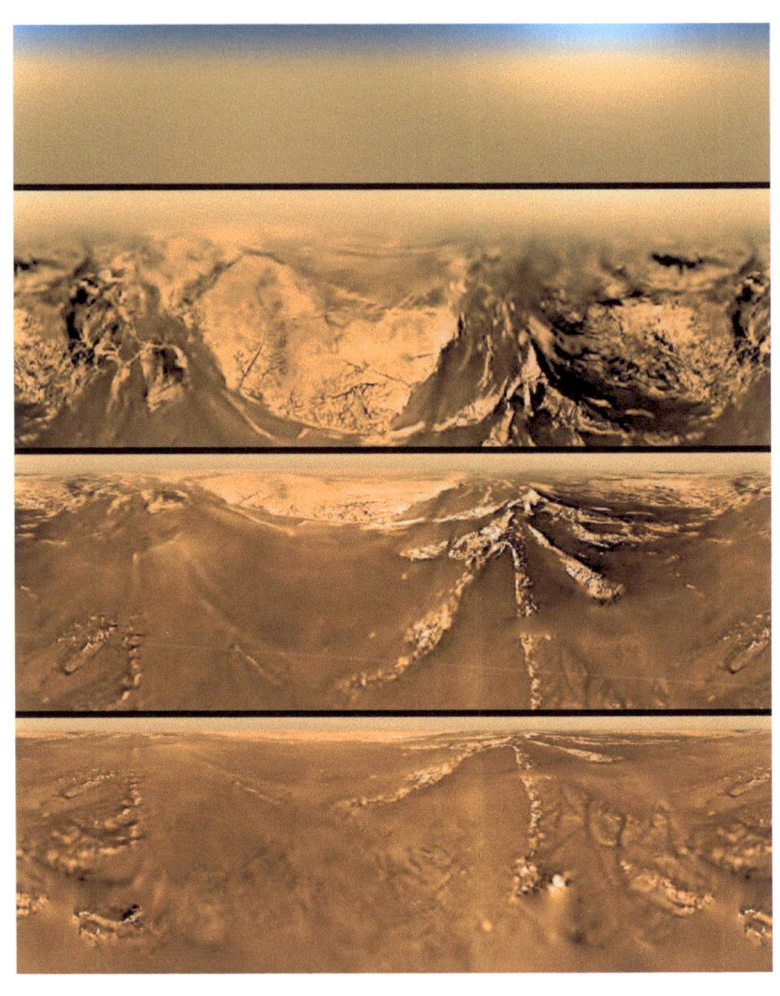

Landschaftsbilder von Titan aufgenommen während der Landung mit Fallschirm der Sonde Huygens. Foto ESA, NASA

1.3 Saturn und sein System

Noch heute streiten sich die Gelehrten darüber, wie die Masse eines Planeten entstanden sein soll.

Tatsache ist, dass jeder Planet und grösserer Mond kugelförmig ist und eine harte Kruste aus erkaltetem Gestein aufweist. Darüber kann niemand streiten.

In anderen Worten dürfte die Kugelform des Planeten im glühendem Zustand entstanden sein. Aber lassen wir einmal diesen Streitpunkt beiseite, denn wie bereits im Kapitel 1.1. beschrieben, dürften Jupiter und Saturn früher Minisonnen (Braune oder Rote Zwerge) gewesen sein. Oder andersrum gesagt: glühende Riesenplaneten. Das ist vielleicht verständlicher.

Wenn jedoch Saturn eine "Braune Sonne" (siehe 1.1) im rotglühendem Zustand gewesen sein soll, dann müsste zwangsläufig auf seinem Mond Titan erdähnliche Verhältnisse geherrscht haben, denn die thermisch heisse Strahlung dieses Riesenplaneten dürfte damals Titan aufgewärmt haben.

Wikipedia (Saturn 2017):
Die Atmosphäre, die wie bei Jupiter hauptsächlich aus Wasserstoff besteht, geht mit zunehmender Tiefe aufgrund des hohen Druckes allmählich vom gasförmigen in den flüssigen Zustand über. Es existiert jedoch keine definierte Oberfläche, da der Druck in den Tiefen der Atmosphäre jenseits des kritischen Punkts ansteigt und unter diesen Bedingungen eine Unterscheidung zwischen Gas und Flüssigkeit nicht mehr möglich ist. Weiter in der Tiefe geht der Wasserstoff schließlich in seine metallische Form über. Diese Schichten haben jedoch im Gegensatz zum Jupiter aufgrund der kleineren Masse andere Mächtigkeitsverhältnisse. So beginnt im Saturn

die metallische Schicht erst bei 0,47 Saturnradien (Jupiter: 0,77 Jupiterradien). Unterhalb dieser Schicht liegt ein Gesteinskern (genauer: Eis-Silikat-Kern), für den Modellrechnungen eine Masse von circa 16 Erdmassen ergeben. Damit besitzt der Saturnkern einen Masseanteil von 25 %, der des Jupiter lediglich 4 %. Das Innere des Gesteinskerns ist sehr heiß, es herrscht eine Temperatur von 12.000 Kelvin. Als Grund dafür wird unter anderem der Kelvin-Helmholtz-Mechanismus angenommen, eine langsame gravitationsbedingte Kompression. **Dadurch strahlt der Saturn 2,3-mal so viel Energie ab, wie er von der Sonne empfängt.**

Oben: Schematische Darstellung vom Autor

D.h. das heute noch Titan mehr thermische Energie vom Saturn empfängt, als von unserer Sonne!

Das heisst aber nicht, dass Saturn mehr thermische Energie als die Sonne abstrahlt. Nein. Das heisst nur, dass Saturn 2,3 x soviel Energie abstrahlt, wie er von unserer Sonne empfängt. Denn Saturn ist ziemlich weit weg von unserer Sonne.

Man stelle sich vor: Titan wird heute von unserer Sonne leicht erwärmt, aber um so mehr vom Saturn!!

Diese sehr starke thermische Strahlung ist ein weiteres, starkes Indiz in Richtung eines früheren "Brauner Zwerg" (glühender Grossplanet).

Eine Erwärmung durch die Kompression der Atmosphäre schliesse ich aus. Dies ist sehr einfach zu erklären:

Beispiel:
Man nehme eine Fahrradpumpe und pumpe damit ein Rad. Sehr schnell merkt man, dass durch die Kompression der Luft sich der untere Teil der Fahrradpumpe erhitzt. Aber auch sehr schnell kann man dann feststellen, dass diese Hitzeerzeugung von kurzer Lebensdauer ist und die Pumpe innert einer Minute wieder kalt wird.

Diese Erhitzung ist einmalig. Nicht wiederholbar und entsteht einerseits durch Kompression der vorhandenen Joule (Kalorien) und der mechanischen Aktivität beim Pumpen.

Falls aber die Atmosphäre von Saturn sich durch Kompression weiterhin erhitzen würde, dann müsste von irgendwo thermische Energie (Kalorien) nachgeliefert werden. Wir hätten also hier eine "esoterische Energiequelle" (lach). Sachlich gesehen sehr unglaubwürdig.

Nun muss man sich aber fragen: *"Wieviel thermische Energie hat Saturn vor 2 - 3 Milliarden Jahren ausgestrahlt?"*

Auch diese Frage muss man sich gefallen lassen: *"Warum sollte Saturn nicht ein "Brauner Zwerg" gewesen sein?"*

Letzte Frage: *"Welche Temperatur hatte Saturn bei seiner Entstehung?"*

1.4 Titan, Mond des Saturns

Titan, der zweitgrösste Mond in unserem Sonnensystem.

TITAN, Mond des Saturns, NASA-Aufnahme, Sonde Cassini

Titan wurde 1655 vom niederländischen Astronomen Christiaan Huygens entdeckt.

1.5 Die heutigen Kenntnisse über Titan

Durch die Spektralanalyse, Weltraumteleskope und Erkundungen durch Satelliten und Sonden wissen wir heute sehr viel über Titan.

Der Saturnmond Titan ist zusammen mit der Erde einer von zwei Objekten des Sonnensystems mit einer Stickstoffatmosphäre.

Zudem sind die Erde und der Titan die 2 einzigen Himmelskörper mit einer stabilen, erdähnlichen Atmosphäre.

Die Existenz von Methanmeeren und anderen **biologischen Stoffen** auf dem Titan legt nahe, dass dort früher erdähnliche Verhältnisse existiert haben könnten. Für mich persönlich sind dies sogar sehr starke Indizien, die diese erdähnliche Verhältnisse eindeutig nachweisen.

Methan ist grundsätzlich ein Abfallprodukt biologischer Lebewesen und entsteht nur in geringsten Mengen vulkanisch.

Immer wieder bringen die religiösen Gegner dieser Theorie den Einwand ein: Methan könne auch einen nichtbiologischen Ursprung haben. In der Tat kann es in Labors künstlich hergestellt werden, jedoch mit phantasievollen Konstrukten.

Zudem gibt es nur auf der Erde solche gewaltigen Mengen an Methan wie auf Titan. Das ist sehr erklärungsbedürftig. Die Gegner der Präastronautik dürften sich da die Zähne ausbeissen.

Ausserdem sind auf Titan Spuren verschiedener anderen organischen Verbindungen vorhanden, wie

z.B. Ethan, Propan, Ethin, Cyanwasserstoff, Kohlenstoffverbindungen und verschiedene polyzyklische aromatische Kohlenwasserstoffe. (siehe Wikipedia, Jan. 2017)

1.6 Organische Verbindungen in der Atmosphäre von Titan

Beobachtungen des Weltraumteleskops **Hubble** und insbesondere die **Vorbeiflüge einiger andere Raumsonden seit 1979** erweiterten unser Wissen über Titan. Die informativsten Bilder und Messdaten über die Atmosphäre von Titan sind bei der **Landung der Sonde Huygens** im Jahre 2005 gemacht worden.

2010 wurden nach Analyse von Daten der Cassini-Raumsonde Hinweise auf methan-basierendes Leben auf Titans Oberfläche gefunden. (Wikipedia)

Nun sind uns mehrere organische Verbindungen in der Atmosphäre von Titan bekannt geworden.

Auch hier werden die Gegner der Präastronautik natürlich eine biologische Entstehung dieser Stoffe abstreiten müssen. Aber wenn eine natürliche Bildung dieser Stoffe ausserhalb des biologischen Leben entstehen könnte: warum finden wir **nur** auf Titan und der Erde diese enorme Menge dieser Stoffe?

Es folgt nun eine Aufzählung drei dieser organischen Stoffe.

1.6.1 Propan, C_3H_8
Propan ist ein farbloses brennbares Gas und gehört zu den Kohlenwasserstoffen. Es steht in der homologen Reihe der Alkane an dritter Stelle. (Wikipedia)

Auf der Erde kommt es in grossen Mengen vor. Auf anderen Planeten und Monden, ausser Titan, ist es praktisch nicht vorhanden, denn es ist ein klarer Bestandteil der Stoffe, die biologisch entstehen.

Es ist kaum vorstellbar, dass die längliche C-H-Kette von Propan einen Ursprung ausserhalb der biologischen Welt hätte.

1.6.2 Polyzyklische aromatische Kohlenwasserstoffe
Die polyzyklischen aromatischen Kohlenwasserstoffe entstehen bei der Pyrolyse (unvollständige Verbrennung) von organischem Material. Jedoch sind polyzyklische aromatische Kohlenwasserstoffe überall im Weltraum zu finden.

1.6.4 Poline, zitiere Wikipedia
Polyine sind organische Verbindungen mit mehreren Kohlenstoff-Kohlenstoff-Dreifachbindungen, analog zu den Polyenen mit mehreren C=C-Doppelbindungen. Im engeren Sinn werden damit aliphatische, unverzweigte Kohlenwasserstoffe mit mehreren Dreifachbindungen bezeichnet.

In der Atmosphäre des Saturnmondes Titan entstehen Polyine, die Ultraviolettstrahlung abschirmen.

In Pflanzen treten Polyine besonders in den Familien Korbblütler und Doldenblütler auf. Inzwischen sind weit über 1000 natürlich vorkommende Polyine isoliert aus Pflanzen, Kulturen höherer Pilze, Bakterien, Meeresschwämmen und Korallen bekannt.

Der einfachste Vertreter der Polyine ist Diacetylen (Butadiin). Auch Hexatriin und Octatetrain sind Vertreter der Gruppe der Polyine. Moleküle mit bis etwa 12 Ethin-Einheiten sind stabil, bei Komplexierung der Molekülenden können auch Polyine mit 14 Ethin-Einheiten isoliert werden. (in kursiver Schrift: Wikipedia)

Polyne sind übrigens sehr komplexe Verbindungen. Kaum zu glauben, dass diese sich auf einfache Art und Weise bilden könnten.

Zudem scheint es so, dass die Polyne immer wieder neu entstehen. Die frage lautet nur: **Wodurch?**

1.7. Schlusswort zum Kapitel

Man muss sich immer wieder vor Augen halten, dass es auf Titan organische Verbindungen in ungeahnter Quantität und Komplexität vorkommen.

Auch dann, wenn diese organische Verbindungen durch irgendwelche ausserbiologischen Aktivitäten entstehen könnten, so ist das Vorhandensein dieser Quantität ein starkes Indiz auf früheres (oder gar heutiges) Leben auf Titan.

Nun müssen wir uns mit den Sagen und Märchen befassen, denn wenn es eine frühere Hochkultur gegeben haben sollte, dann müssten zumindest Sagen, Märchen und steinerne Zeugen vorhanden sein.

Kapitel 2 - Die Sage von Atlantis

2.1 Einleitung

Ich möchte meinen Ausführungen noch voran stellen, dass ich die Lokalisierung von Atlantis auf dem Saturnmond Titan nicht an dem mythologischen Hinweis fest mache, dass Atlantis ein "Titan" gewesen sein soll.

Die Bezeichnung "Titan" für den Saturnmond, der erst am 25. März 1655 durch den Astronomen Christiaan Huygens für die heutige Zeit entdeckt wurde, beruht auf reinem Zufall.

Wie bereits im Vorwort bemerkt, habe ich Atlantis immer als ein mystisches Märchen betrachtet. Die Vorstellung eines ehemals existierenden Kontinentes voller Menschen, der in den Fluten des Meeres versunken sein soll, war für mich rational nicht fassbar und schlichtweg nicht glaubhaft.

Auch unglaubwürdig ist die Tatsache, dass auf der Erde irgendwo noch Platz gewesen wäre für eine Insel so gross wie Lybien und Asien zusammen. Ein möglicher Platz, wenn man den Pazifik ausschliesst, ist nirgends auszumachen.

Aber mit den Jahren konnte ich immer mehr Informationen dazu zusammentragen und mich entsprechend informieren, so dass ich **die Möglichkeit der ehemaligen Existenz von irgend Etwas**, dass eine frühere Hochkultur hätte darstellen können, nicht mehr so einfach ignorieren konnte.

Ich kam zum Schluss, wie auch andere Sachbuchautoren vor mir (z.B. Jakob Vorberger, Dieter Bremer u. a.), dass

Atlantis ausserhalb der Erde zu lokalisieren sei. Mein Weg zu dieser Erkenntnis wird Ihnen auf den folgenden Seiten dargelegt.

Ebenso halte ich die momentan gängigen Theorien zur Entstehung und Entwicklung des Lebens auf der Erde für komplett falsch. Ganz bestimmt können auch ältere Planeten oder Monde noch vor der Erde mit dem Kambrium begonnen haben. (siehe Kapitel 4.2)

Der kleine Planet namens Erde kann in der sachlichen Wissenschaft keine Vorzugsbehandlung erhalten. Dies steht im kompletten Widerspruch zur mathematischen Wahrscheinlichkeitsrechnung.

Die Behauptung, nur auf der Erde könne Leben entstanden sein, ist rein psychologisch und religiös zu betrachten. Hört also bitte alle auf, die Erde ins Zentrum des Universums stellen zu wollen. Das entbehrt jeglicher sachlichen Grundlage.

Ich gebe meiner nachfolgenden Theorie gute Chancen, richtig zu sein. Aber auch Grönland, dass sich hinter den Säulen des Herakles befindet, gebe ich eine weitere Chance, Atlantis zu sein, denn Grönland war einst ein blühender Garten. Das bezeugen die riesigen Vorkommen an Steinkohle.

Auch der Raumstation von Dieter Bremer (deutscher Sachbuchautor) gebe ich eine weitere Chance. Ebenso das Generationenraumschiff von Erich von Däniken (schweizerischer Sachbuchautor) kann man nicht ausser Acht lassen. Aber **in diesem Buch möchte ich mich ausschliesslich auf Titan beschränken.**

Falls ich Recht haben sollte, dass die "Götter" von Titan stammten, werden wir alle meine Behauptungen mit der Erforschung des Sonnensystems beweisen oder später als Hirngespinste abtun können.

Das Sonnensystem ist meiner Meinung nach voll von archäologischen Beweisen dieser Besucher. Mit anderen Worten: die Theorien von Erich von Däniken würden im Grossem und Ganzen stimmen.

Ganz nebenbei: ca. 1970 konnte ich einen japanischen SF-Trickfilm am TV verfolgen. In diesem Trickfilm landete ein terrestrisches Raumschiff auf Titan, um Wasser aufzunehmen. In den vereisten Meeren waren tiefgefrorene Fische und Algen zu sehen. D.h., dass meine Theorie gar nicht so neu ist und die Japaner schon seid langer Zeit dasselbe denken.

Aber die Japaner sind Zen-Buddhisten. Dieser Religion würde es nicht stören, wenn die Menschen nicht von der Erde stammen würden.

2.2 Die verschiedenen Ringsysteme

Oben: Gemäss Platon (Kritias) müsste so der Urzustand Atlantis ausgesehen haben, wie es die Gottheit Poseidon erzeugt haben sollte und wie es in den uralten Überlieferungen verstanden wurde.

Oben: Saturn mit seinen Ringen

2.3 Das platonische Atlantis

Der griechische Philosoph Platon (428 - 348 v.Chr.) beschrieb in seinen Schriften Atlantis als grosse Insel, die grösser gewesen sein soll als das damalige Lybien und das damalige Asien zusammen. Die heutigen Sagen von Atlantis stützen sich auf Platons Beschreibungen in der "Kritias" genannten Schrift.

Platon war ein sachlicher Schreiber. Allerdings hatte Platon keine Kenntnisse von moderner Technik oder den Wissenschaften. Seine Schriften müssen als wahrheitsgetreue Beschreibungen aus der Sicht eines Erdenbürgers ohne derartige Kenntnisse angesehen werden.

In anderen Worten kann seine Beschreibung eines ringförmigen Systems, das er selbst nie gesehen hatte, auch auf ein anderes System zutreffen, das den damaligen Kenntnisstand gesprengt haben dürfte.

Atlantis könnte also ohne Weiteres die Bezeichnung für eine versunkene Welt darstellen.

2.4 Die Schlamminsel in den platonischen Schriften (siehe Platon "Timaios")

"... Später aber gab es gewaltige Erdbeben und Überschwemmungen und da versank während eines schlimmen Tages und einer schlimmen Nacht das ganze streitbare Geschlecht scharenweise unter der Erde; und ebenso verschwand die Insel Atlantis, indem sie im Meere versank. <u>Deshalb ist die dortige See jetzt unbefahrbar und undurchdringlich, weil der sehr hoch aufgehäufte Schlamm im Wege ist, welchen die Insel durch ihr Versinken erzeugte.</u> ..." (Hervorhebungen durch den Autor)

Auch der letzte Satz Kritias, "*... Deshalb ist die dortige See jetzt unbefahrbar und undurchdringlich, ...*" widerspricht einem Standort Atlantis auf der Erde. Denn wenn das so gewesen wäre, **dann gäbe es - oder hätte es gegeben - irgendwo auf dem Meer eine riesengrosse, unbefahrbare Schlamminsel, die grösser als Lybien zusammen mit dem damals bekannten Asien wäre.** Aber auf unserem Planeten gibt es nach meinem Kenntnisstand nirgends solch einen Ort. Vielmehr könnten die Beschreibungen "**unbefahrbar**" und "**undurchdringlich**" schlichtweg bedeuten, dass die Passage für den Menschen **unmöglich** war.

Auch der letzte, noch bekannte Satz in Kritias' Texten "*...da versammelte Zeus die Götter im Zentrum des Universums...*" ist ein starkes Indiz in Richtung Weltraum.

Bereits in den sumerischen Tafeln wird Tiamat *(siehe Enuma Elish)* als das Weltall bezeichnet. Sehr oft übersetzt man es auch als Meer. Auch hier frage ich mich als professioneller und sehr erfahrener Übersetzer (*Deutsch-Italienisch*), ob da nicht die falschen Synonyme benutzt wurden. Das geschieht sehr oft in unserer Branche. Insbesondere, da die griechischen Götter eine Evolution der sumerischen Religionen darstellen und so sehr viel von der sumerischen Sprache in die griechische übersetzt worden ist.

In den platonischen Texten äusserte Kritias, dass Atlantis hinter den „Säulen des Herakles" läge. Das "Ende der Welt", wie man dies zu Platons Zeiten interpretierte, war jenseits der Säulen des Herakles, dem heutigen Gibraltar. Somit für uns: "Hinter dem Ende der Welt".

Aus diesen Gründen suchte ich Atlantis ausserhalb der Erde, aber noch immer in unserem Sonnensystem, nicht allzu weit weg, auf dem Saturnmond Titan. Um dies glaubhaft darzustellen, muss ich weit ausholen.

Ob ich dann Recht habe oder nicht, werden wir mit der Erforschung des Sonnensystems irgendwann einmal feststellen können. Meiner Meinung nach ist das Sonnensystem voll von fassbaren, archäologischen Beweisen, die noch gefunden werden müssen und meine Hypothese stützen. Die Theorien von Erich von Däniken (schweizerischer Sachbuchautor) würden so im Grossen und Ganzen stimmen.

Fangen wir erst einmal bei den mystischen Sagen der alten Griechen an. In diesen Sagen gibt es sehr viel Glaubwürdiges, vermischt mit den Phantasien der alten Griechen.

2.5 Die vergessenen und lückenhaften Über-lieferungen

Hier gibt **Kritias** zu, dass die Überlieferungen starke Lücken haben könnten:

"Von diesen sind die Namen erhalten, ihre Taten aber wegen des Unterganges derer, die sie von ihnen überkamen, und der Länge der Zeit in Vergessenheit geraten. **Denn das jedesmal übrigbleibende Geschlecht pflegte, wie schon früher bemerkt wurde, das auf den Bergen lebende und der Schrift unkundige zu sein**, *welches bloss die Namen der Herrscher im Lande gehört hat und dazu etwas Weniges von ihren Taten. Sie mussten sich daher damit begnügen, ihren Nachkommen diese Namen zu überliefern; die Tugenden und die Staats-einrichtungen ihrer Vorfahren aber kannten sie nicht, es sei denn einige dunkle Gerüchte über Einzelnes, und da sie überdies zusamt ihren Abkömmlingen viele Geschlechter hindurch an dem Notwendigen Mangel litten und daher vielmehr auf die Ausfüllung dieses Mangels ihren Sinn richten*

mussten, so sprachen sie auch vielmehr hierüber mit einander und vernachlässigten das einst bei ihren Vorfahren und vor alters Geschehene."
(siehe Platon, Kritias - Hervorhebung durch den Autor)

2.6 Kleito und Poseidon

Hier beschreibt Kritias die Zusammensetzung Atlantis, ebenfalls aus Überlieferungen:

*".... Kleito, erzeugt. Als nun dieses Mädchen Geschlechtsreif war, starben ihre Mutter und ihr Vater; Poseidon aber war von Liebe zu ihr ergriffen und nahm sie zur Frau. Er trennte deshalb den Hügel auf welchem sie wohnte, kreisförmig mit einer starken Begrenzung ab, **indem er mehrere kleinere und grössere Ringe abwechselnd von Wasser und Erde kreisförmig erzeugte**, und zwar ihrer zwei von Erde und drei von Wasser, und mitten aus der Insel gleichsam herauszirkelte, so dass ein jeder in all seinen Teilen gleichmässig von den anderen entfernt war; wodurch der Hügel für Menschen unzugänglich wurde, denn Schiffe und Schiffahrt gab es damals noch nicht. Für seine Zwecke aber stattete er die in der Mitte liegende Insel, wie es ihm als Gottheit nicht schwer fiel, mit allem Nötigen aus, ..."*
(siehe Platon, Kritias - Hervorhebung durch den Autor)

Auch hier sind weitere, starke Indizien vorhanden, die auf ein Ringsystem hinweisen.

Natürlich sind es Überlieferungen und **selbst Kritias hat ja zugegeben, dass diese Überlieferungen über Jahrtausende mündlich erfolgten.** So kann man sich nur mit Interpretationen ein Bild des Ganzen machen. Wobei Interpretationen immer einen faden Nachgeschmack hinterlassen.

2.7 Die Götter

Die Kritias von Platons endet an der interessantesten Stelle, denn der Sitz der Götter wird klar im Weltall lokalisiert:

"Er (Zeus) berief daher alle Götter in ihren ehrwürdigsten Wohnsitz zusammen, welcher in der Mitte des Weltalls liegt und eine Überschau aller Dinge gewährt, die je des Werdens teilhaftig wurden, und nachdem er sie zusammenberufen hatte, sprach er – – – "

Kapitel 3 - Midgard und Nibiru

3.1 Midgard - Das nordeuropäische Ringsystem

In der antiken, nordeuropäischen Mythologie finden wir ebenfalls ein ähnliches "Atlantis". Es handelt sich um Midgard.

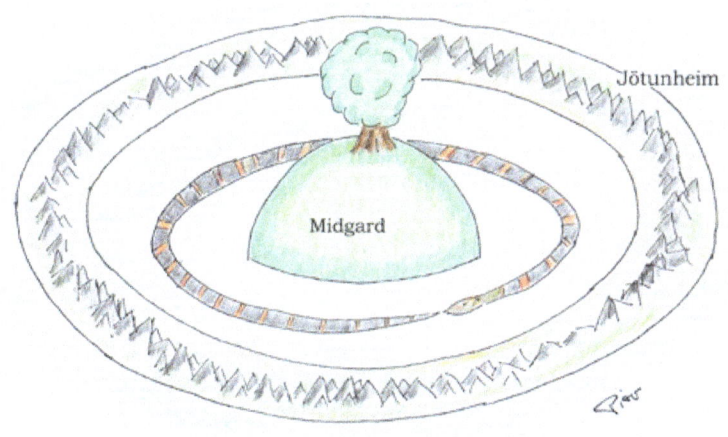

Midgard bedeutet „Wohnort in der Mitte", (Mid = Mitte und gard = Erde, Garten). "Das Gebiet der Menschen". Midgard ist das Zentrum der menschlichen Welt. Midgard liegt in der Mitte der anderen Welten.

Midgard ist von den Göttern erschaffen worden, die darin ihre Burg Ásgarðr bauen. Danach weisen sie Midgard den ersten Menschen Askr und Embla (Adam und Eva?) als Wohnort zu.

Die Söhne Buris (Odin, Vili und Ve) errichteten Midgard. Buri war der Schöpfer des Universums und Vater aller Götter.

In der Mitte Midgards steht die Esche Yggdrasill. Sie wird auch als Weltesche bezeichnet und sei der allererste Baum.

Midgard ist von Bergen umgeben und vom Weltmeer (Weltall?) umspült. In diesem liegt die Midgardschlange, die ringsherum reicht. Im Süden wird Midgard von einem Feuerland begrenzt. Im Norden hingegen von einer Eiswelt.

Die Erde (Midgard) dieser Mythologie war kreisrund und vom Meer umgeben. Also eine flache Erde, wie wir sie von den abrahamistischen Religionen her kennen. Der Landstreifen an den Küsten wurde Jötunheim genannt und war das Reich der Riesen. Zum Schutz gegen die Thursen bauten die Götter einen Wall rund um Midgard.

Auch hier haben wir ein Ringsystem als Basis, das nichts mit Platon oder Kritias zu tun hat, aber wiederum ein Indiz zu Gunsten der Saturnringe ist; ein Indiz ausserhalb der Überlieferungen der alten Griechen.

Dass aber die alten Griechen ein Artlantis überliefern und die Nordeuropäer ein Midgard, ebenfalls als Ringsystem, lässt etliche Fragen offen.

3.2 Die Schöpfung in der germanischen Mythologie

Vor der Schöpfung gibt es ausschliesslich den leeren Raum "**Ginnungagap**". Im Norden befindet sich das eisige Niflheim und im Süden das heiße Muspelheim.

Ginnungagap ist zu Beginn vollständig zu Eis gefroren, taut aber langsam auf.

Schließlich bauen die Götter noch Asgard, eine mächtige Festung hoch über Midgard das zugleich der Sitz des Göttergeschlechts der Asen wird. Midgard und Asgard sind über die flammende Regenbogenbrücke "Bifröst" miteinander verbunden.

War Asgard eventuell eine Raumstation?
(siehe Dieter Bremer, deutscher Sachbuchautor).

Nach und nach werden die 9 Welten geschaffen, die von der Weltesche Yggdrasil überspannt werden. Über Allem stehen die drei Nornen Urd (Vergangenheit), Verdandi (das werdende Jetzt) und Skuld (was noch sein wird).

Die 9 Welten waren

3.2.1 Muspelheim ist die Feuerwelt im Süden Ginnungagaps. In der Heimat der Feuerriesen, herrscht der Feuerriese Surtur.

3.2.2 Niflheim ist die eisige, dunkle Nebelwelt im Norden Ginnungagaps. Sie ist die Heimat der Frost- und Reifriesen. In seiner Mitte liegt der Brunnen Hvergelmir.

3.2.3 Midgard ist der Bereich der Menschen.

3.2.4 Asgard ist eine von den Göttern errichtete Festung im Himmel. Dort gibt es auch den Hochsitz "Hlidskialf", von dem aus Odin alle Neun Welten überblicken kann.

3.2.5 Vanaheim ist die Heimat der Wanen, dem älteren Göttergeschlecht. Die Wanen sind Frucktbarkeitsgötter oder Naturgeister.

3.2.6 Alfheim (oder auch Ljusalfheim, Ljossalfheim, Lichtelfenheim) ist der Wohnsitz der Elfen. Der Gott Freyr ist Herrscher über diese Lande.

3.2.7 Jötunheim (auch Utgard genannt) ist die Heimstätte der Riesen und ist durch den Fluss Ifing von Asgard getrennt.

3.2.8 Svartalfheim (auch Schwarzalbenheim genannt) ist das Reich der bösartigen Zwerge und Gnome. Sie hausen meist in Gängen unter der Erde.

3.2.9 Hel (auch Helheim genannt) ist die Unterwelt, die von der Totengöttin Hel beherrscht wird. Hel ist ein dunkler Ort des Stillstandes und der Vergänglichkeit.

3.3 Die germanischen Mythologie

Aus der Sicht der Präastronatutik, Atlantis und der Herkunft des Menschen betrachtet.

Vor der Schöpfung war **Ginnungagap** (auch **Himthusen**) genannt. Die absolute Leere vor der Schöpfung. Das heisst, früher war das Nichts, dann kam das Licht.

Alles beginnt dann beim Feuerriesen **Muspelheim**, den ich als das **Big Bang (Urknall)** interpretiere. Während ich die Sonne eher in Richtung **Surtur** vermute.

Dann kam **Yggdrasil**. Es soll den gesamten Kosmos verkörpern. Persönlich sehe ich darin das Sonnensystem, oder gar das Saturnsystem. Vielleicht eine Vermischung der Beiden.

Dann war vorerst einmal **Niflheim**, die dunkle und eisige Nebelwelt. Heimat von Riesen. Hier interpretiere ich einen abgekühlten Planeten oder Mond im Hinterland unseres Sonnensystems. Unter anderem, wenn man die Bilder von Titan auf **Seite 14** betrachtet, so entsprechen diese sehr stark dieser eisigen, nebligen Welt. Aber gerade die Tatsache, **dass Niflheim**, die Heimat der Riesen, **noch vor Midgard erscheint**, deutet auf das Vorhandensein einer vorherigen Welt.

Warum also soll noch vor Midgard eine Welt der Riesen existiert haben?

Nun kommt Midgard. Da haben wir ein weiteres Ringsystem. Mit den neun Welten erfahren wir die Schöpfung aus der Sicht der Germanen. Aus der Sicht der nordischen Völker ist Midgard die Erde. Kann gut sein. Aus der Sicht der Präastronautik könnte es aber auch Ganymede oder Mars darstellen. Bestimmt nicht Titan.

39

Meiner Meinung nach mussten sich die Menschen im Laufe der Jahrmillionen, wenn nicht Jahrmilliarden, in Richtung inneres Sonnensystem bewegt haben. Dort wo es noch warm genug war.

Weiter geht es mit **Vanaheim**. Die Heimat der Fruchtbarkeitsgötter. Da kommt die berechtigte Präastronautikfrage: Sind das die Götter, die den Menschen erschufen? Ist Vanaheim ein Mond, ein Planet oder gar eine Raumstation? *Der Hirte, der zum Himmel flog und das Gebärkraut in der Umlaufbahn holen wollte, (sumerisch) lässt grüssen.*

Erst dann kommt **Alfheim** (auch Ljusalfheim, Ljossalfheim oder Lichtelfenhe genannt). Diese Welt ist der Sitz von **Freyr**, Gott der Fruchtbarkeit und der Vegetation. Freyr war ursprünglich ein Angehöriger des Wanengeschlechts.

Auch hier schön im Takt mit der Erschaffung der Menschen, wenn man "Fruchtbarkeit und Vegetation" liest, so kommt die berechtigte Frage auf, ob Freyr ein Chefwissenschaftler der Riesen war.

Auch das bergige und kühle **Jötunheim**, **ebenfalls Heimstätte von Riesen**, könnte ein Planet oder Mond im Hinterland unseres Sonnensystems darstellen.

Svartalfheim ist das Reich der bösartigen Zwerge und Gnome. Sie hausen meist in Gängen unter der Erde. Und genau das könnte die eigentliche Erde darstellen. Nicht zu vergessen sind die vorzeitlichen, südamerikanischen Tunnelsysteme. Die deuten stark auf "unter der Erde".

Nun kommt **Hel** an der Reihe. Das Totenreich. Das betrachte ich als religiöses Wunschdenken. Mit Präastronautik hat es wahrscheinlich nichts zu tun.

Allem in allem haben wir hier verschiedene Eckpunkte der Alternativen Geschichtsschreibung und der Präastronautik.

3.4 Fazit zu Midgard

Midgard lebt dank den mündlichen Überlieferungen, die über Jahrtausenden übermittelt worden sind. Auch hier haben wir sehr viel Unglaubwürdiges, vermischt mit Glaubwürdigem zu verarbeiten.

Midgard kann man ausschliesslich interpretieren. Mehr nicht.

Schön ist einfach sein Ringsystem, dass doch eine Ähnlichkeit zu Atlantis hergibt.

Auch Bifröst, dem leuchteten, dreistrahlige Regenbogen, lässt einen Gedankensprung zu den Ringen des Saturn zu.

Muspelheim könnte den Urknall darstellen.

Nifleheim, die Heimat der Riesen, lässt ein erkaltetes Mond im Hinterland des Sonnensystem erahnen.

Yggdrasil betrachte ich persönlich als das Sonnensystem oder eines der planetaren Systeme. Vielleicht eine Vermischung davon.

Im Text des Grimnirlied/Gimnismal finden wir folgende Angaben:

Kapitel 31
Drei Wurzeln strecken sich nach dreien Seiten
Unter der Esche Yggdrasil:
Hel wohnt unter einer, unter der andern Hrimthursen,
Aber unter der dritten Menschen (Midgard).

Aber wo ist die Wurzel die nach Asgard führen soll? Warum führt eine Wurzel nach Hel? Auch die Wurzel die nach Jötunheim führen sollte, wird hier nicht erwähnt. Auch nach Midgard sollte keine Wurzel führen, wenn man die heutigen, mytologische WebSeiten durchblättert.

Das alles lässt einen faden Nachgeschmack über die heutige Geschichtsschreibung und die Aufarbeitung der Mythologien.

Im Bild nebenan sieht man Yggdrasil, so wie es heute von fast allen Gelehrten verstanden wird.

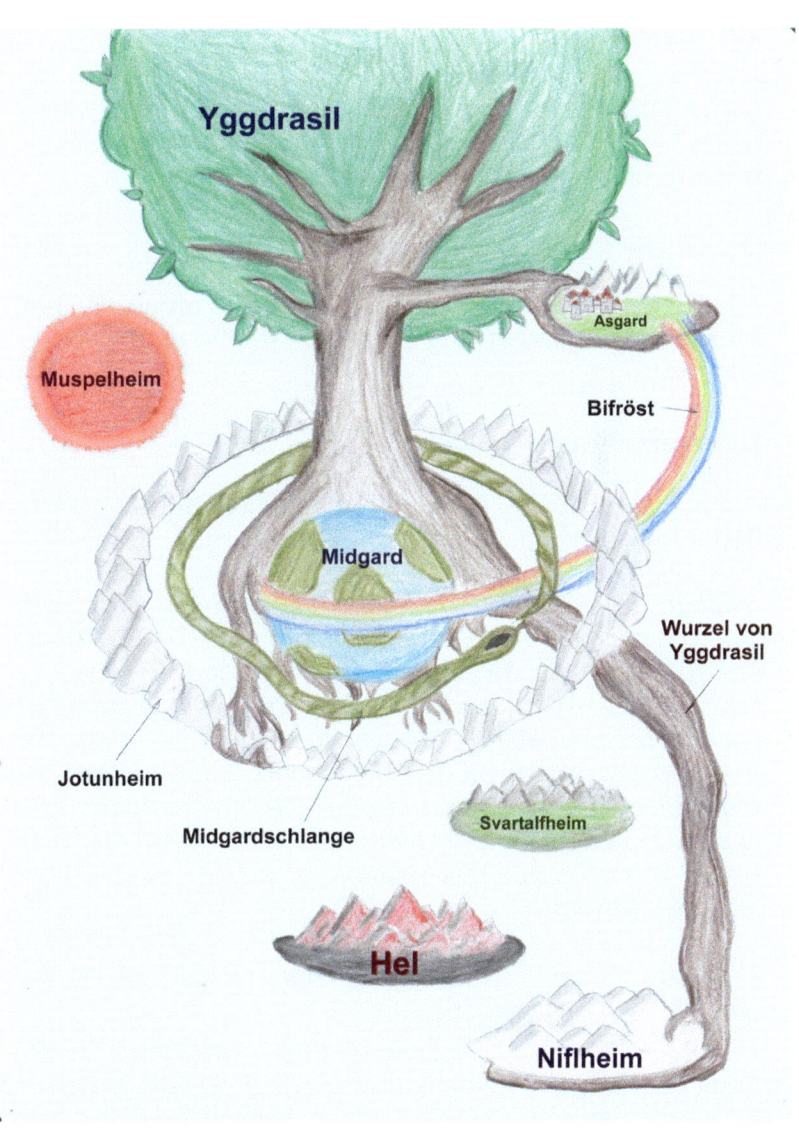

3.5 Nibiru

Als weitere Herkunft des Menschen, könnte man Nibiru betrachten. Der Stern des Hauptgottes Marduk. Nibiru soll am Zenit vorbei gehen. Jedoch unsichtbar.

Die Gottheit oder der Planet Nibiru

Nibiru wird in der 5. Tafel der babylonischen Weltschöpfungserzählung Enuma Elish genannt.

Der Himmelsposten Nibiru

Auf einer vollständig erhaltenen Keilschrifttafel wird Nibiru näher beschrieben.

„*Nibiru, der die Übergänge von Himmel und Erde besetzt halten soll, weil jeder oben und unten Nibiru befragt, wenn sie den Durchgang nicht finden. Nibiru ist Marduks Stern, den die Götter am Himmel sichtbar werden ließen. Nibiru steht als Posten am Wendepunkt. Zum Posten Nibiru mögen die andern sagen: "**Der die Mitte des Meeres Tiamat** ohne Ruhe überschreitet, sein Name sei Nibiru, denn er nimmt die Mitte davon ein". Die Bahn der Sterne des Himmels sollen unverändert gehalten werden.*"

- Unter "Tiamat" verstehe ich das Weltall, die Mutter aller Götter und Planeten.
- Unter "In der Mitte des Meeres" verstehe ich den Zenit des Sternenhimmels, dort wo die Planeten laufen.
- Unter "Den Durchgang nicht finden" verstehe ich, dass man Nibiru nur mit grosser Anstrengung ausmachen kann. Also praktisch unsichtbar für das normale Auge.

3.6 Nibiru als Planeten- oder Kometengleichsetzung

Viele Historiker sehen in Nibiru einen beweglichen Himmelskörper. Die eigentliche Streitfrage liegt bei der Zuordnung dieses Himmelskörpers.

Jupiter, Canopus, Venus und der Komet Halley werden als Möglichkeit geboten.

Meiner Ansicht nach kann es sich nicht um Jupiter handeln, denn wenn es wirklich so wäre, dann hätte man genauere Angaben über Nibiru.

Mit einem einfachen Feldstecher kann man ab 500 M.ü.M bereits 4 Monde des Jupiters erkennen.

Jupiter ist der zweithellste Planet am Nachthimmel. Dessen Bahn kann man genau berechnen und sogar alte Augen können Jupiter ohne weiteres ausmachen. Anders Saturn.

Saturn hingegen ist ein sichtbarer, aber unscheinbarer Planet am Nachthimmel. Sein Mond Titan kann man nur mit einen ausgezeichneten Feldstecher sehen. Leichtere Feldstecher können Titan nicht sehen. Somit können sehr viele ältere Augen Titan nicht ausmachen.

3.7 Midgard & Nibiru - Die Gemeinsamkeiten

Ein altnordischer Text, ca. 1250 AD, entnommen aus Wikipedia	Enuma Elish, Sumerer Mitte 19. Jahrhunder ausgegraben
Urzeit war es, da Ymir hauste,	Als oben der Himmel noch keinen Namen hatte
nicht war Sand noch See noch Salzwogen,	Als unten die Erde noch keinen Namen hatte,
nicht Erde unten, noch oben Himmel,	gab es Apsu, den ersten Erzeuger der Götter,
Gähnung grundlos, noch Gras nirgend.	und die Schöpferin Tiamat, die sie alle gebar.
	Sie vermischten ihre Wasser miteinander,
	ehe sich Weideland verband und Röhricht noch nicht zu finden war,
	als noch keiner der Götter geformt war
	oder entstanden war und ihre Schicksale noch nicht bestimmt waren,
	da wurden die Götter von Apsu und Tiamat geschaffen
	Lachmu und Lachamu wurden geformt und mit Namen benannt.

Da die Sumerer eindeutig die ältere Kultur waren, kann man annehmen, dass die Religion der nordischen Völker aus der sumerischen Religion entsprungen ist.

Aber warum haben dann die nordischen Völker ein Ringsystem gekannt, jedoch nicht die Sumerer?

3.8 Die Erschaffung der Erde

Die Erschaffung der Erde, nach germanischer Mythologie sah so aus:

Jüngere Edda, 8

Aus Ymirs Fleisch ward die Erde geschaffen,
Aus dem Schweiße die See,
Aus dem Gebein die Berge, die Bäume aus dem Haar,
Aus der Hirnschale der Himmel.
Aus den Augenbrauen schufen gütige Asen
Midgard den Menschensöhnen,
Aber aus seinem Hirn sind alle hartgemuten
Wolken erschaffen worden.

Die Erschaffung der Erde, nach Enuma Elish, Sumerer, sieht so aus:

Der Herr ruhte, den Leichnam betrachtend,
um den Klumpen zu teilen nach einem klugen Plan.
Er teilte sie in zwei Teile, wie einen getrocknetes Fisch:
eine Hälfte davon breitete er aus um den Himmel zu erschaffen.
Er breitete die Haut aus und setzte Wächter ein,
das Wasser nicht herauszulassen, wies er sie an.
Er durchschritt den Himmel, und durchforschte die Himmelsteile
und passte sie an den Apsu, die Wohnung Nudimmuds, an.
Der Herr mass die Gestalt des Apsu aus
und errichtete Escharra als Ebenbild von Eschgalla.
Eschgalla (Palast?), Escharra, das er erbaut hatte, war der Himmel
liess er in ihren Heiligtümern Anu, Enlil und Ea sich einrichten.

*Er schuf den himmlischen Standort für die grossen Götter
und errichtete Sternbilder, die Sternenmuster.
Er bestimmte das Jahr, bezeichnete Abschnitte,
und für jeden der zwölf Monaten stellte er drei Sterne hin.
Nachdem er das Jahr eingeteilt hatte,
bestimmte er den himmlischen Standort von **Nibiru**, um
die Sternabstände festzulegen.*

Wenn man beide Texte vergeleicht, so hat man das Gefühl, dass man diese nach mündlicher Überlieferung niedergeschrieben hat. Man hat auch das Gefühl, dass diese mündliche Überlieferung über Tausende von Kilometer erfolgt ist.

Wobei ich die nordische Gottheit Ymir, das erste Wesen nach dem Urknall, als die sumerische Urmutter Tiamat ansehe. Beide sind Urwesen, beide sind böse und beide werden von Enkelkinder umgebracht.

3.9 Schlusswort zum Kapitel

In diesem Kapitel muss ich mich selbst widersprechen, denn es handelt sich bei meinen Ansichten nur um Interpretationen, genauso wie es die Religionsgelehrten tun. Schlussendlich handelt es sich um mündliche Überlieferungen, die sich über Jahrtausenden zogen.

Also kann es sich kaum so zugezogen haben. Trotzdem bleiben doch gewisse Eckpunkte zur Präastronautik bestehen, die sich nicht auf Zufälle stützen. Nämlich die Riesen und die Zeugung von Menschen und Zwergen.

Kapitel 4
Die darwinsche Evolutionstheorie

4.1 Vorwort zum Kapitel

Nach der Theorie von Darwin kann sich die biologische Natur selbst entwickeln. Ob die dazugehörenden Naturgesetze von Gott oder nicht erschaffen wurden, sollten wir woanders besprechen, da sonst dieses Buch zu lang würde.

Ob dann zuerst die Ursuppe oder irgend etwas anders war, möchte ich hier auch nicht behandeln. Sonst müssten wir noch Dutzende von Theorien widerkauen und das Buch würde sich aufblähen.

4.2 Das Kambrium (ein Äon der Menschheit?) als Entstehung des Lebens

Das Kambrium entspricht etwa dem Zeitraum vor etwa 542 bis 488 Millionen Jahren, in dem durch chemische und physikalische Zufallsmechanismen zuerst die einzelligen Lebewesen (z.b. einzellige Bakterien und einzellige Algen) entstanden und anschliessend durch Evolution und natürliche Auslese komplexere Formen wie Pflanzen, Tier und Mensch hervorbrachte.

Ist es möglich, dass ausschliesslich die Erde dieses Stadium, das wir hier Kambrium nennen, erreichte? Schwer vorstellbar! **Denn zu behaupten, lediglich auf der Erde könne Leben entstehen, entbehrt jeglicher sachlicher Grundlage.**

4.3 Die mögliche Entwicklung von "kambriumfähigen" Planeten

Als unser Sonnensystem entstand, umkreisten die heutigen Planeten die Sonne als flüssige und halbflüssige Klumpen, die durch die eigene Gravitation eine Kugelgestalt erhielten und sich nach und nach abkühlten und festigten.

Über die Entstehung der Planeten gibt es übrigens unzählige Theorien. Aber eines steht ziemlich sicher fest: Sie waren vor Jahrmilliarden heisse Klumpen. Nur so konnte sich die heutige Gesteinskruste der Planeten und Monde bilden.

Man kann auch davon ausgehen, dass sich die kleineren Massen schneller abkühlten als grössere. Ebenso werden sich sonnenfernere Planeten schneller abgekühlt haben als sonnennahe.

Auch das spezifische Gewicht dürfte eine grössere Rolle gehabt haben und so dürften "leichte" Planeten mit niederem spezifischen Gewicht sich schneller abkühlt haben, da diese in ihrem Inneren weniger Kompression aufbauen und zudem viel weniger Uran sein eigen nennen können.

Der **natürliche Reaktor von Oklo, Afrika** lässt durch-blicken, was Planeten mit einem hohen, spezifischen Gewicht, thermisch leisten können.

4.4 Kleinere und äussere Planeten und Satelliten

Wenn wir davon ausgehen, dass sich die äusseren, kleineren Himmelskörper schneller abgekühlt haben, dann müsste die Evolution nach Darwin sowie der mathematischen Wahrscheinlichkeit auf den zuerst abgekühlten Planeten begonnen haben, d.h., auf den Planeten, die als erste erdähnliche Verhältnisse erreicht haben.

Diesbezüglich wurde ich im Web belehrt, dass die kleineren Himmelskörper gleich schnell wie die grösseren abkühlen.

Das bestärkt mich wiederum in meiner Theorie, sonst würde man sich nicht mit Händen und Füssen dagegen wehren und die unsachliche Behauptung aufstellen, dass grosse und kleine Körper sich gleich schnell abkühlen.

Aber lassen wir das einmal beiseite, ziehen vorerst einmal alle Faktoren zusammen und untersuchen auf der Basis von Titan den möglichen Ablauf eines Kambriums.

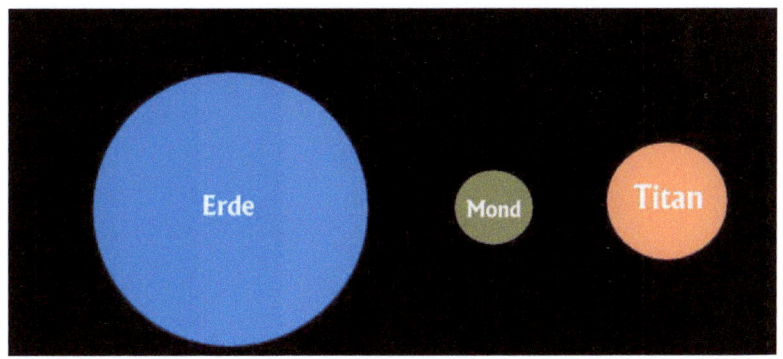

Oben: Erde, Mond und Titan im richtigen Maßstab abgebildet.

Titan ist kleiner als die Erde, jedoch grösser als unser Mond.

Wenn man in diesem Maßstab Titan auf die Erde projizieren würde, dann wäre die Grössenangabe von Atlantis wie "Lybien mit Asien zusammen" sehr glaubwürdig. Flächenmässig würde Titan sehr viel Landfläche beanspruchen. Aber wo finden wir soviel Platz auf unserem Planeten?

Vielleicht, wenn wir Titan in der südlichen Hemisphäre, als Antarktis outen würden, dann ja. Das könnte noch eine Möglichkeit darstellen.

Andererseits soll Atlantis untergegangen sein. Aber die Antarktis steht noch recht gut da. Somit können wir sie vorerst einmal ausschliessen.

4.5 Die mögliche Entstehung einer biologischen Natur auf Titan

Kernpunkt meiner Theorie

Betrachten wir einmal die mathematische Wahrscheinlichkeit zur Entstehung einer biologischen Struktur. Die Evolution müsste ganz klar nach der Evolutionstheorie Darwins stattgefunden haben. Sachlich betrachtet kann diese Entwicklung auch auf Titan stattgefunden haben.

Denn, wenn die darwinsche Entwicklung wirklich so stattfinden kann, warum nicht zuerst auf älteren Planeten, die früher die richtige Temperatur aufwiesen? Zudem, was sind schon 550 Millionen Jahre im Universum? Das ist nur die "kurze Kambriumlänge", derer es bedarf, aus von einem Einzeller einen Menschen zu entwickeln.

Da eignet sich eben Titan als Nest der Lebensentstehung recht gut und das Vorhandensein biologischer Gase ist ein äusserst starkes Indiz. Titan hat einen negativen Temperaturvorsprung auf die Erde von vielleicht 1 - 2 Milliarden Jahren. Damit will ich sagen, dass Titan vom glühenden Klumpen, bis zur richtigen Temperatur, vielleicht mehr als eine Milliarden Jahre Vorsprung auf die Erde hat. Zudem dürfte es auf Titan - durch die geringere Gravitation - bessere Bedingungen für die Entstehung der Einzeller gegeben haben als auf der Erde.

4.6 Die chemischen Grundstoffe des Menschen

C, H, O, N, S, P und viele andere chemische Grundstoffe dürften auf Titan auch eine bessere molekulare Mischung gehabt haben, da infolge der geringen Dichte von nur 1.88 g/cm^3 (Erde 5,5 g/ cm^3) die schweren Elementen rarer zu finden sein werden.

Die schwereren Elemente stehen unserer biologischen Natur eher im Wege. Was wiederum ein Indiz "gegen" die Erde darstellt.

4.7 Die Atmosphäre von Titan

Die zwei einzigen Planeten im Sonnensystem, deren Atmosphäre hauptsächlich aus Stickstoff besteht, sind **Erde** und **Titan**.

Ausserdem findet man auf Titan Spuren von mehreren organischen Verbindungen wie **Ethan, Propan, Ehin** usw.

Sauerstoff kann es auf Titan nicht mehr geben, da Sauerstoff sich schnell bindet und von Pflanzen mit Hilfe der Photosynthese hergestellt wird. Da sich Titan zu stark abgekühlt hat, sind alle Pflanzen eingefroren und tot.

4.8 Die mögliche Entstehung des Homo Sapiens, des Menschen

Nehmen wir zuerst folgende Parameter an:

- Eine erste biologische Struktur sei zuerst auf Titan entstanden. Dies vor über 1 Milliarde Jahren, vielleicht 2, vom heutigen Datum an gerechnet.
- Die noch zu hohe Sonneneinstrahlung hat es bis vor ca. 600 Millionen Jahre unmöglich gemacht, die biologische Struktur vom Titan auf die Erde zu bringen.
- Der Mensch als solches sei (reine Supposition) vor Millionen von Jahren auf Titan entstanden.

Diese Entwicklung müsste sehr lange gedauert und Spuren hinterlassen haben. Spuren übrigens, die auf der

Erde nicht zu finden sind, da die Erosion alles eliminiert hat.

Die genannten Spuren werden wir bestimmt auf den einzelnen Satelliten und Himmelskörpern des Sonnensystems wiederfinden.

Vom Neandertaler bis zum Kennewick-Mann gibt es keine Verbindung. Und: "Nach auf DNA-Analysen beruhenden Studien ist der Neandertaler kein direkter Vorfahre des heutigen Menschen." *(siehe: Wikipedia-Neandertaler und andere Quellen).* Der Neandertaler hat sich vielmehr mit dem Menschen vermischt. Oder die Menschen mit ihm.

Da stellt sich die Frage ob der Neanderthaler ein Zuchtresultat der Götter war.

4.9 Die Entwicklung einer menschlichen Hochkultur

Falls der Mensch auf Titan entstanden sein sollte, dann wird er dort auch Flugkörper entwickelt und selbstverständlich auch das Sonnensystem erforscht haben. Zudem wird es sich wegen des langsamen

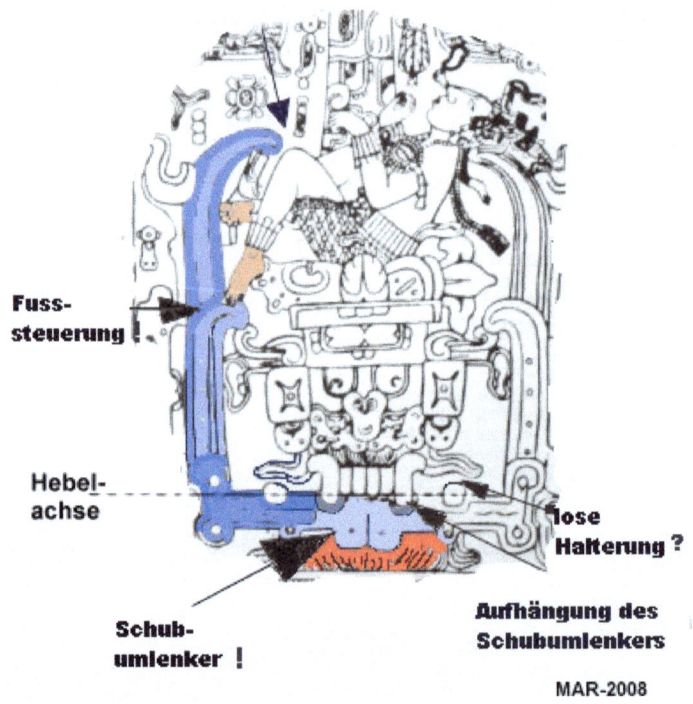

Zeichnung von Dr. Alberto Lhuiller
Farbige Darstellung von Pierluigi Peruzzi

Fuss-steuerung
Hebel-achse
Schub-umlenker !
lose Halterung ?
Aufhängung des Schubumlenkers
MAR-2008

Erkaltens um seinen Planeten "Titan" Sorge gemacht haben. Als einzigen Ausweg sehe ich, ins Innere des Sonnensystems vorzudringen, wo es wärmer war. Dank der geringen Schwerkraft des Titan dürfte ein Abheben eines einfachen, chemisch angetriebenen Raumschiffes gar kein Problem darstellen.

Am besten sieht man auf der Zeichnung von Dr. Alberto Lhuiller, wie ein solches, sehr primitives Raumschiff funktioniert. Der Pilot steuert sein Flugobjekt mit den Füssen. Man sieht eindeutig, wie er über einen langen Hebel die Schub-Richtung des Triebwerkes mit einem Schubumlenker steuert. **(Näheres siehe in meinem Buch "Der Irre von Palenque", ISBN - 9783743162952)**

Unter Anderem sieht man auch, wie der Pilot hoch konzentriert dieses Flugobjekt steuern muss. Das könnte bedeuten, dass er nicht einmal einen Autopiloten hatte.

Ein interessantes Detail, welches meine Theorie untermauert, ist die Tatsache, dass weder ein Computer noch ein Bildschirm zu sehen sind.

Man dürfte auf der Erde mit dieser Raumkapsel vielleicht 30 km hoch gekommen sein. Die starke Gravitation der Erde dürfte den Ärmsten wieder zurückgeholt haben. Sicher nicht bei der geringen Schwerkraft von Titan. Dort dürfte ein Start mit diesem Flugkörper ohne weiteres erfolgreich sein.

Das Abheben von Titan - mit seiner Gravitation von "nur" 1.4 m/s^2 (0,14 g, praktisch wie unser Mond) - dürfte so einfach gewesen sein, dass man die Elektronik gar nicht brauchte. Man flog einfach auf Sicht, wie es ein Autofahrer es auch tun muss.

Saturn und die Sonne sind ja ausgezeichnete Orientierungshilfen, wenn man sich im Saturnsystem befindet. Auch der helle Streifen der Milchstrasse hilft da sehr viel. Zudem hat man durch den Umlauf des Titan um den Saturn bereits einen Teil der nötigen Fluchtgeschwindigkeit. D.h. eine "Flucht" aus der Gravitationszone des Saturns, wenn man sich bereits in der Umlaufbahn eines Mondes befindet, dürfte mit geringer Energie erreichbar sein.

Jedoch jeder, der von Titan zur Erde flog, dürfte auf der Erde definitiv gestrandet sein. Mit diesen primitiven, chemischen Triebwerken dürfte nicht einmal eine Senkrechtlandung möglich gewesen sein. Also nur Gleitflüge, Fallschirmbremsen oder Propellerbremsen (siehe Ezechiel, AT) um auf der Erde zu gelangen. Die Gleitflüge sind wahrscheinlicher, da ich auf den antiken Tafeln nirgends Fallschirme ausmachen konnte und zudem lassen die **Pisten von Nazca** (Peru, 14° 42' 43" S / 75° 10' 35" W) Luftfahrzeuge mit Flügel erahnen.

4.10 AT, Jesaja, Kapitel 40

Im Alten Testament, Jesaja, Kapitel 40 finden wir die Arbeitsangaben zur Erstellung der nötigen Landepisten für herabsteigenden Fluggleiter:

1 Tröstet, tröstet mein Volk! spricht euer Gott.

2 Redet zum Herzen Jerusalems und ruft ihr zu, daß ihr Frondienst vollendet, daß ihre Schuld abgetragen ist; denn sie hat von der Hand des Herrn Zweifaches empfangen für alle ihre Sünden.

3 Die Stimme eines Rufenden[1] [ertönt]: **In der Wüste bereitet den Weg des Herrn, ebnet in der Steppe eine Straße unserem Gott!**

4 **Jedes Tal soll erhöht und jeder Berg und Hügel erniedrigt werden; was uneben ist, soll gerade[2] werden, und was hügelig ist, zur Ebene!**

5 Und die Herrlichkeit des Herrn wird sich offenbaren, *und alles Fleisch miteinander wird sie sehen; denn der Mund des Herrn hat es geredet.*

Hier wird eindeutig beschrieben, wie die Pisten von Nazca entstanden sind.

Damit meine ich die Pisten, nicht die Ritzzeichnungen in der südamerikanischen Wüste.

Die Pisten sind ein starkes Indiz, dass auf herabsteigende Fluggleiter deutet. Nicht auf Raketen oder Helikopter und schon gar nicht mit Falschirmen.

Die Pisten zeigen eindeutig auf Flugobjekte mit Flügel.

Anders der Helikopter von Ezechiel. Dort werden Flugkörper mit Propeller und Raketenantrieb beschrieben.

4.11 Was macht eine menschliche Hoch-zivilisation?

»» Sie erkundet ihr Sonnensystem!

Dabei infiziert sie ungewollt alle Himmelskörper mit einzelligen Bakterien und Sporen aller Art die sich auf der Hülle oder im Innern der Raumschiffe befindet. Diese Bakterien werden sich aber nur auf geeigneten Planeten vermehren können. Aus ihnen können dann - falls der Planet geeignet ist - Mehrzeller entstehen.

Z.B. auf Erde, Mars, Ganymede, Europa, Io usw. aber auch auf Titan.

4.12 Die Abkühlungsperiode im Saturnsystem

Nun gehen wir davon aus, dass der letzte abrupte Fall der Temperatur des Saturns im Hinterland des Sonnensystems eine ernste Naturkatastrophe hervorgerufen hat.

Man stelle sich vor: Die termische Einstrahlung das

Saturn auf Titan strahlt, vermindert sich durch den kühler werdende Saturn. Gerade Saturn, der wahrscheinlich den Wärmeausgleich in seinem System geboten hatte, fehlte nun als Wärmespender.

Als weitere Möglichkeit könnte unsere Sonne während der Jahrmillionen auch leicht an Kraft verloren haben. Ein tödlicher Faktor für die Lebewesen auf dem Saturnmond Titan.

Auch Titan, mit seinem geringen spezifischen Gewicht, dürfte sich im Innern schneller abgekühlt haben, als die Erde mit ihrem hohen spez. Gewicht und somit grösserer Masse.

Falls vor der vorletzten Eiszeit auf der Erde diese selbst doch noch zu heiss gewesen sein soll, dann bedeutet dies, dass unsere Sonne zuviel thermische Energie abgegeben hat. So wäre es möglich, dass sich die damalige Zivilisation auf den Satelliten Jupiters zurückgezogen haben könnte. Damit meine ich IO, EUROPA aber weniger GANYMEDE, da der letztere zu weit vom Jupiter entfernt ist. Vielleicht auch auf den MARS.

Weitere Möglichkeiten bestehen in Bunkersystemen in sonnennäheren Asteroiden oder Satelliten wie Phobos. Aber da es auf der Erde in der Eiszeit zu kalt war, dürfte Mars noch kälter als heute gewesen sein. Also auch kein Fluchtplanet.

Es bleibt so oder so nur noch die Erde mit ihrer heissen Lufthülle und die kühlere Antarktis und Grönland. Wobei die Kohlevorkommen auf Grönland ja beweisen, das es vor 300 Millionen Jahren ein blühender Garten war.

Aber, falls meine Theorie nur in etwa stimmen sollte, was taten diese Menschen mit der x-fachen Gravitation auf der Erde?

Sie starben in Massen auf der Erde oder siedeln sich trotzdem unterirdisch auf Mars oder dem Mond an. Nur wenige dürften überlebt haben. Diejenigen, die der Gravitation standhielten, dürften sich von Generation zu Generation und aufgrund der natürlichen Auslese nach Darwin der starken Schwerkraft der Erde besser "angepasst" haben.

4.13 Die Zwischeneiszeit und neue Wärme durch die Sonne

Schauen wir uns doch die Periode der Neandertaler an. Also die Zeit zwischen den 2 letzten Eiszeiten. Da muss die Sonne recht viel Energie abgegeben haben. Warum gibt es hier keine Funde des heutigen (oder damaligen) Homo Sapiens?

Einerseits haben wahrscheinlich die Gletscher der letzten Eiszeit alles zermalmt. Andererseits war es sehr wahrscheinlich warm genug, um auf einem Satelliten des Jupiters zu leben. Und vielleicht waren die Menschen bereits so sehr daran gewohnt, in Bunkersystemen zu leben, dass sie die feuchte Natur der Erde, voller Bakterien, verabscheuten.

Die Erde könnte für Ihre Verhältnisse zu "dreckig", "unrein" gewesen sein und eine zu starke Gravitation gehabt haben. Warum also darauf flüchten? Um sich von der starken Gravitation platt drücken zu lassen?

4.14 Die zweite, grosse Abkühlung vor ca. 100'000 Jahren

Die letzte Eiszeit auf der Erde - die im direkten Zusammenhang mit der Sonnenaktivität zu sehen ist -

dürfte dann selbst auf den Satelliten des Jupiters das Leben in Bunkern und mit Raumanzügen sehr schwer gemacht haben. Selbst dann, falls die Menschen in gut entwickelten Bunkersystemen lebten, dürften sie mit einer so starken Abkühlung der Sonne nicht mehr gerechnet haben. Denn von nun an fehlte es an Wärmeenergie.

Die letzte Eiszeit hat wahrscheinlich dieser Hochkultur, mit der äusserst primitiven Raumfahrttechnik, den Rest gegeben.

Zu beachten ist die Tatsache, dass eine Eiszeit nichts anderes bedeutet, als dass unsere Sonne weniger Wärmeenergie abgibt. Dies wiederum bedeutet, dass es auf den hinteren Planeten unseres Sonnensystems noch kälter wäre. Also wohin mit den Menschen, die von Titan stammen?

Da sehe ich nur noch den Äquator der Erde als Zufluchtsort.

Interessant wäre es, tiefe Ausgrabungen am Äquator durchführen zu lassen. Aber niemand wagt es, soviel Geld in den Boden zu stampfen. Da bleibt auch noch die Frage offen: **Warum sind die Afrikaner die reinsten Menschen im Bezug auf ihre DNA?**

4.15 Das Ende der letzten Eiszeit auf der Erde vor ca. 10'000 Jahren

Da taucht plötzlich der Kennewick-Mann genau am Ende der letzten Eiszeit auf und danach der Ötzi. Beide ganz klar moderne Homo Sapiens. Woher sollen denn diese gekommen sein?

Damit meine ich natürlich nicht von den Sternen, sondern von welcher Zivilisation und aus welchem Entwicklungsstand?

Das untermauert meine Theorie mit der Erde als letzten Zufluchtsort. Die starke Gravitation der Erde dürfte die Schwächeren sehr schnell getötet haben. Noch heute haben wir Homo Sapiens im Alter unsere liebe Mühe an den Hüften und am Rücken.

Ferner haben wir eine Lunge, die bis auf eine Höhe von 6000 m noch einigermassen funktioniert, d. h. wir kommen komischerweise auch mit weniger Sauerstoff aus.

Zudem: Warum spricht Kritias in den platonischen Texten von damals 9'500 Jahren? **Woher wusste Kritias, wann die letzte Eiszeit zu Ende gewesen war?**

Trotz den mündlichen Überlieferungen hat hier Kritias eine wahrheitsgetreue Zeitangabe durchgegeben.

4.16 Atlantis, Lemuria, Nibiru, Mu oder Midgard

Diese frühere Hochkultur könnte auch als grosser Stützpunkt und vielleicht als Stadt existiert haben. Falls es doch ein Kontinent gewesen sein sollte, dann war es wahrscheinlich das heutige, erkaltete Grönland.

Bis zum Jahre 1492 gab es auf den Kontinenten Amerika, Eurasien mit Afrika und Australien grundverschiedene Pflanzen und Tiere. Beispiele sind Pferde, Löwen, Krokodile sowie Alligatoren, Mais, Ananas, Kartoffeln und die Beuteltiere Australiens usw.

Als dann die Europäer langsam zur Hochkultur wurden, vermischte sich das Ganze. Aber falls bereits eine hohe Kultur einige 10'000 Jahren früher da gewesen wäre, dann wäre die Vermischung bereits vorhanden gewesen. Stattdessen hatten wir auf 3 verschiedenen Kontinenten Pflanzen und Tiere, die es nur auf den jeweiligen Kontinenten gab.

Selbst die Menschen waren in Ihrer Entwicklung bestimmt 100'000 Jahren auseinander. Wenn man aber zumindest sehr ähnliche Pflanzen und Tiere gehabt hätte, dann wäre Atlantis auf der Erde glaubwürdiger erschienen.

Klar konnten einige Tiere über die Meerenge zwischen Asien und Alaska während des Winters hinüber laufen, wie zum Beispiel Wölfe oder Bären, aber zumindest Australien mit seinen Beuteltieren blieb komplett unberührt.

Somit hatte in den letzten Jahrmillionen niemand die nötigen technischen Einrichtungen gehabt, um einige Pflanzen und Tiere zu "vermischen".

Wenn aber diese frühere Hochkultur einen ganzen Kontinent eingenommen hätte, dann wäre sie genügend weit entwickelt gewesen, um eine teilweise Vermischung zu verursachen. Jedenfalls natürlich nur, wenn sie einige Millionen Jahre früher existiert hätte. Aber dann hätten wir gar keine Überlieferungen mehr gehabt. Das wäre dann absolut unglaubwürdig erschienen.

Somit bleibt die These von Atlantis oder Midgard nur noch als Stützpunkt von ausserirdischen Menschen, die von Titan oder sonstwo kamen. Allenfalls könnte es eine grosse Stadt gewesen sein oder höchstfalls eine grosse Insel (Grönland oder die Antarktis).

Das war meine Theorie, die ich im sachlichen Zusammenhang mit Atlantis, Midgard, Lemuria, Mu oder Midgard sehe. Die Sagen haben immer einen wahren Kern. Aber an einer technisch hochstehenden Kultur, die auf einem sehr grossen Kontinent auf dem Planeten Erde existiert haben soll, habe ich klar meine Zweifel. Es sei denn, es wäre Grönland vor Jahrmillionen gewesen.

Kapitel 5
Die Saturnringe

Eine megawitzige Supposition des Autors

Vorsicht: Der Autor hat selbst Mühe an seiner eigenen Theorie zu glauben. Aber es könnte trotzdem etwas daran sein ..... oder nicht?

5.1 Annahme

Gehen wir mal davon aus, dass Titan (Saturnmond) irgendeinmal in der Vergangenheit ein blühender Planet war - hochtechnisiert und mit reger Raumschiffstätigkeit. Jedoch mit einer Raumschiffstätigkeit, die sich auf chemisch angetriebene Raumschiffe stützt und nicht auf irgendwelche phantasievollen Triebwerke, die mit schwarzer Materie oder gar Antimaterie laufen.

Bleiben wir bitte mit den Füssen auf dem Boden, denn bereits der Glaube eines hochtechnisierten Planeten im Sonnensystem bedarf der Toleranz.

5.2 Die Schubabgase der eventuell existierten Raumschiffe

Nun, die besagten, chemisch angetriebenen Raumschiffe, falls es solche gegeben hat, müssten eine Unmenge an verbrannten Schubabgasen in den Weltraum ausgestossen haben. Die meisten dieser Schubabgase wären dann bestimmt von Saturn und seinen Monden durch die Gravitation aufgesogen worden sein. Die restlichen Schubabgase würden in verschiedenen Umlaufbahnen rund um den Saturn immer wieder miteinander kollidiert sein.

Schlussendlich müssten sich diese Schubabgase irgendwann um den Saturn stabilisiert haben. Glaubwürdig erscheint mir auf der planetaren Ebene, rund um Saturn. (als planetare Ebene bezeichnet man diejenige Ebene, auf der alle unsere Planeten und grössere Monde kreisen.)

Auch von der Überlegung her ist ein Verlassen des Saturnsystems am einfachsten, wenn man den Riesenplaneten Saturn als "Schleuder" benutzt. So wie es unsere heutigen unbemannte Raumsonden tun. Das würde aber eine Unmenge an Abgasen rund um die planetare Ebene des Saturns ergeben.

Die damaligen und heutigen Raumschiffe würden auch auf der planetaren Ebene beschleunigen und den Saturn selbst als "Schleuder" benutzen. Ein Verlassen dieser Ebene wäre unlogisch, da es grössere Treibstoffmengen brauchen würde, um den nächsten Planeten zu erreichen.

Aber gerade diese Schubabgase könnten ohne Weiteres die Saturnringe darstellen - eine Verunreinigung des Saturnsystems durch Schubabgase von chemisch angetriebenen Raumschiffen.

Wohlverstanden, ich spreche hier von Milliarden von Menschen und Abertausenden von kleinen und grossen Raumschiffen im Saturnsystem, also von regem Verkehr im Saturnsystem.

Vielleicht erscheint Euch meine Theorie sehr unglaubwürdig. Aber wenn Titan ein blühender Planet voller Menschen gewesen wäre, dann müssen zwangsläufig die Abgase der chemisch angetriebenen Raumschiffe das Saturnsystem verunreinigt haben.

Frage: wo sind der Abfall und die Triebwerksabgase der damaligen Raumschiffe?

Falls um den Saturn der Rest dieser Gase nicht gefunden werden kann, dann ist meine Theorie falsch, dass Titan irgendeinmal ein blühender Planet war.

5.3 Beweise und Indizen

Falls meine Theorie der Saturnringe richtig wäre (was nicht sein muss) so müssen die Saturnringe zwangsläufig aus einem Material bestehen, das aus irgendeiner Verbrennung von chemisch angetriebenen Raumschiffen stammt. Zum Beispiel CO^2, H^20 und viele andere Komponenten, wie Abgase von Feststofftriebwerken und Triebwerken, die mit flüssigem Treibstoff laufen könnten.

H^2O müsste als pulverförmiges Eis vorhanden sein. Hingegen CO^2 bleibt - bei den Temperaturen um den

Saturn - ein Gas und würde sich verflüchtigen und das Meiste würde von Saturn selbst aufgesogen werden, oder von den Monden "abgeräumt" werden.

Falls aber die Ringe nur aus vulkanischen Stoffen und Gesteinspulver bestehen, dann ist meine Theorie absolut falsch.

Die 2 grossen Gesteinsbrocken, die sich innerhalb der Ringe befinden, haben natürlich mit dieser Theorie nichts zu tun, denn es handelt sich um klassische Minimonde.

Kapitel 6
Die Erde
als menschenfeindlicher Planet

6.1 Einleitung

Auf den folgenden Seiten möchte ich die Erde als unseren Herkunftsplaneten in Frage stellen. Zuviel ist mir in den letzten Jahren aufgefallen, was nicht sein kann.

Dazu möchte ich sachlich folgendes hinterfragen:

- **Kann die Ursuppe** (die den ersten lebensfähigen Mikroorganismus hervorbringt) **nur auf der Erde entstehen?** Wenn ja, warum denn?
- Die Evolution, die auf den Naturgesetzen des universellen Schöpfers beruht, überzeugt mich sehr. Einen universellen Schöpfer stelle ich nicht in Frage. Aber über die Frage, ob es Gott gibt oder nicht, müssen wir woanders diskutieren und verbleiben hier bei der Evolution.
- Kann das Kambrium - um vom Einzeller zum Menschen zu gelangen - nur auf der Erde oder auch woanders ablaufen?
- Ist die starke Gravitation der Erde die richtige Gravitation für zweibeinige Lebewesen?
- Ist die hohe Dichte der Erdmasse (5,515 g/cm^3), die viele, äusserst giftige Schwermetalle enthält, der richtige Mix für die Ursuppe? Oder wäre es besser ohne giftige Schwermetalle?

6.2 Sachliches

Den Planeten Erde, als einzige Möglichkeit für die Entstehung einer biologischen Natur zu betrachten, betrachte ich selbst als ausserhalb jeglicher wissenschaftlicher Vernunft.

Die Erde ins Zentrum des Universums oder gar ins Zentrum göttlicher Kreativität stellen zu wollen, ist rein psychologisch und religiös zu betrachten.

Ich will Euch die Erde nicht "minder stellen", sondern dort hinstellen, wo sie hingehört. Als mikroskopisch kleines Objekt im Universum. Ein Objekt, das gar keine Vorzugsbehandlung haben kann und darf.

6.2.1 Die Ursuppe

Die sogenannte "Ursuppe" war eine sprachliche Erfindung eines Wissenschaftlers, die dazu dienen sollte, dem Normalbürger bildlich den Start eines biologischen Lebens zu erklären.

Das Wort "Ursuppe" ist also mehr bildlich, als biochemisch zu betrachten.

6.3 Die richtige Temperatur für das Entstehen der Ursuppe

Vorerst einmal müssen wir über die Hitzeperioden oder den Ablauf der thermischen Gegebenheiten im Sonnensystem diskutieren. Ich gehe davon aus, dass unsere Sonne im Urzustand weitaus mehr Tätigkeit zeigte und somit mehr thermische Energie abstrahlte.

Zudem kühlen Körper mit weniger Masse schneller ab als massenreichere Körper. Das ist ein Fakt, den ich nicht einmal durchdiskutieren will.

Ein weiterer Fakt ist - und das mit 99 % Wahrscheinlichkeit -, dass die Himmelskörper des Sonnensystems bei ihrer Entstehung extrem heisse, flüssige Körper waren. Ob Urknall, Gaswolke, Weltraumpulver oder irgendeine andere blumige Theorie, spielt an sich keine Rolle.

Die Erde und die anderen Himmelskörper müssen bei ihrer Entstehung glühende Feuerbälle aus flüssigem Magma gewesen sein. Anders lässt sich die Bildung von Granit auf der Oberfläche und in der Kruste, sowie die Bildung von leichten Kontinenten mit einem spez. Gewicht von nur 2,7 g/cm^3, die auf Magma geschwommen sind, nicht erklären.

Belehren Sie mich bitte nicht damit, dass die Planeten im absoluten Urzustand nicht flüssig oder weissglühend gewesen sein sollen. In diesem Punkt bleibe ich unbelehrbar, denn es widerspricht der Logik und der Gesteinsbildung auf der Oberfläche.

Zudem deuten die kürzlich entdeckten Braunen Zwergen (rotglühende Riesenplaneten) darauf, dass die planetare Bildung im glühenden Zustand erfolgt sein muss.

Auch die bereits erwähnte thermische Strahlung von Saturn deutet auf das Abkühlen eines rotglühenden Riesenplaneten.

6.4 Die giftige Schwermetalle im Erdmantel

Zur der äusserst starken Gravitation der Erde kommt noch die zu starke Dichte des Planeten hinzu, sowie das Vorhandensein von zu vielen, giftigen Schwermetallen in den Gesteinen der terrestrischen Umwelt. Dies lässt gehörigen Zweifel in Bezug auf die Menschenfreundlichkeit des Planeten Erde aufkommen.

Auch das Entstehen einer "Ursuppe" unter diesen hochgiftigen Stoffen ist meiner Meinung nach wenig Glaubwürdig.

Wussten sie auch, dass die Weltmeere ca. 5 Milliarden Tonnen Uran - in einer Salzverbindung - enthalten?

Dieses sehr giftige und radioaktive Schwermetall ist überall zu finden. Selbst in unseren Körpern in ganz geringen Mengen. In der Kohlenasche der Kohlen-kraftwerke sogar in einer Menge, dass sich ein Abbau für die atomare Industrie lohnt.

Nicht zu reden von Blei, Quecksilber, Brom und alle anderen "Pfui Teufel Metallen". Von diesen gibt es auf der Erde ein Vielfaches davon, als auf den anderen Planeten und Monde.

Sagen Sie mir ja nicht, das sind "natürliche Stoffe"! JA, auf der Erde kommen sie in grossen Mengen ganz natürlich vor und **sind für den Menschen und der biologischen Umwelt äusserst giftig.**

6.5 Die starke Gravitation und die starken Winde

Betrachten wir nun einmal die anderen Himmelskörper des Sonnensystems.

Erde und Venus haben eine vielfach höhere Gravitation als die anderen Himmelskörper! Dass die anderen Himmelskörper - infolge der geringen Schwerkraft - keine Atmosphäre halten könnten, kann man am Beispiel Titan sofort entkräften. Titan hat nur 0.16g (Erde 1.0g) Schwerkraft und doch eine dichtere Atmosphäre als die Erde. Somit erübrigt sich dieser Einwand.

Die starke Gravitation der Erde muss den zweibeinigen Lebewesen zu schaffen machen. Warum wohl haben die Insekten 6 Beine und Spinnen sogar deren 8? Nicht zu vergessen all die Hüft- und Rückgratprobleme, die wir Zweibeiner im Alter bekommen.

Ja, wir brauchen sogar spezielle Matratzen, um keinen Rückenschaden beim Schlafen zu bekommen. Und nicht von der Vielfalt an orthopädischen Schuhen und rückenkonformen Stühlen zu sprechen.

Anders die vierbeinigen Lebewesen der Erde. Diese haben diese Probleme nicht. Es sei denn, sie seien überzüchtete Tiere.

Wenn wir also wirklich auf der Erde entstanden wären, dann hätte uns die Evolution 4 oder 6 Beine geschenkt und zusätzlich die 2 Arme zum arbeiten.

So muss man einfach sagen: Der Mensch ist hier fehl am Platz.

6.6 Vergleich der Planeten in unserem Sonnensystem:

Himmels-körper	Gravi-tation in g	Durch-messer km	Planet. Dichte g/cm3	Atmo-sphäre Druck Bar	Atmo-sphäre	dto.	Bemer-kungen
Venus	0.9	12'103	5.24	92	CO_2 96.5%	N_2 3.5%	117 Tage der Sonne zugewandt
Erde	1	12'750	5.51	1.014	N_2 78%	O_2 21%	Winde bis 300 km/h
- Mond	0.16	3'476	3.34	0		0	014 Tage der Sonne zugwandt
Mars	0.36	6'780	3.93	0.006	CO_2 95.3%	N_2 2.7%	Der ideale Planet, wenn ein wenig wärmer
Ceres	0.03	975	2.08				
Jupiter	2.5						Winde bis 600 km/h
- Io	0.18	3'643	3.56				Vulkanismus & starke elekt- rische Entladungen mit Jupiter
- Europa	0.13	3'122	3.01	1E-06			Wasser-Eismeere
- Ganymed	0.14	5'262	1.94	1E-06			Wasser-Eismeere
- Callisto	0.13	4'820	1.83				
Saturn	1.05		0.69		H_2 93%	He 7%	

- Titan	0.13	5'150	1.88	1.5	N_2 98%	Methan 1.6%	Sehr viele organische Verbindungen auf der Oberfl.
- Rhea	0.03	1'529	1.23				
- Iapetus	0.02	1'470	1.27				Spuren organischer Verbindungen
- Dione	0.02	1'123	1.47				
- Tethys	0.02	1'060	0.98				
Uranus	0.9		1.27				
- Titania	0.04	1'578	1.71				Wassereis vorhanden
- Oberon	0.03	1'523	1.63				
- Umbriel	0.02	1'169	1.39				Wassereis vorhanden
- Ariel	0.03		1'158	60 K			
Neptun	1.1						
- Triton	0.08	2'700	2.06	1.4E-05	N_2 99%	Methan 1%	40 Jahre lang Sommer/Winter, trotdem Methan vorhanden
Pluto	0.06	2'190	1.9				gefrohrenes Methan und Wasser vorhanden
- Charon	0.03	1'210	1.63				Wassereis vorhanden

Auf der vorangehenden Tabelle sieht man sehr rasch, falls man die Temperaturen auslässt, dass sich verschiedene Planeten und Monde für die frühere Entstehung der Ursuppe eignen.

Die geeignetsten Planeten und Monde, so wie ich es sehe, sind:

6.6.1 Merkur
Mit einer Schwerkraft von 0,37g (Erde 1g) wäre Merkur noch angenehm. Aber eindeutig noch zu heiss. Vielleicht, wenn unsere Sonne irgendeinmal zum Braunen Zwerg degradiert wird, könnte Merkur für die Menschen die letzte Bleibe im Sonnensystem bedeuten.

6.6.2 Venus
Venus ist der erdähnlichste Planet in unserem Sonnensystem. Leider noch zu heiss, aber wahrscheinlich unsere zukünftige Bleibe, wenn die Erde zu kalt werden wird, weil unsere Sonne das Wasserstoff ausgeht.

6.6.3 Erde
Diesen Planeten kennen wir. Also lassen wir ihn beiseite.

6.6.4 Mond
Leider keine Atmosphäre. Sonst wäre der Mond ein sehr geeigneter Himmelskörper um darauf zu leben. Aber die Sonnenwinde scheinen jegliche Atmosphäre weg zu blasen. Der Mond hat nicht genug Schwerkraft, um die weggeblasenen Teilchen zurück zu gewinnen.

6.6.5 Mars
Halte ich persönlich für den geeignetsten mit dem richtigen Abstand zur Sonne und der angenehmen Schwerkraft von 0,36 g. Leider ohne richtige Atmosphäre. Falls man eine aufbauen könnte, dann wäre Mars eine zukünftige Bereicherung für die Menschheit.

6.6.6 Io (Jupitermond)
Mit seiner starken vulkanischen Tätigkeit. Vielleicht zu nahe an Jupiter, der früher eine Braune Sonne gewesen sein dürfte (siehe Kapitel 1). Die starken elektrischen Entladungen mit Jupiter könnten den Menschen noch Kopfschmerzen bereiten (lach).

6.6.7 Europa (Jupitermond)
Die Wassereismeere lassen einen früher blühenden Planeten erahnen. Heute leider zu kalt.

6.6.8 Ganymed (Jupitermond)
Der grösste Mond des Sonnensystems. Auch hier lassen die Wassereismeere einen früher blühenden Planeten erahnen.

6.6.9 Callisto (Jupitermond)
Auch hier lassen die Wassereismeere einen früher blühenden Planeten erahnen.

6.6.10 Titan (Saturnmond)
Das starke Indiz durch die biologischen Stoffe lässt einen einst blühenden Planeten erahnen.

6.6.11 Rhea (Saturnmond)
Woher der Sauerstoff in seiner leichten Atmosphäre herkommt, sollte man genauer überprüfen. Vielleicht aus den flüssigen Meeren unter der Oberfläche?

6.6.11 Triton (Mond des Neptun)
Mit seiner knapp genügenden Schwerkraft von 0.08 g dürfte dieser Mond am Limit sein. Unmöglich aber nicht. Auch dieser Mond bietet die Möglichkeit, früher eine Ursuppe generiert zu haben.

Kapitel 7
Gottes Abbild oder die Züchtung des Menschen

7.1 Die Oberflächenschwerkraft der Erde

Stellen Sie sich folgendes vor: Sie, lieber Leser, seien einer dieser vermeintlichen "Götter".

Sie, lieber Leser, seien in einem defekten Raumschiff auf die Erde gestrandet und die einzige Möglichkeit, um zu überleben, sei hier Ihr Dasein zu beenden.

Könnte aber auch sein, dass Sie in einem Generationenraumschiff im Sonnensystem angekommen sind und der einzig bewohnbare Planet sei unsere Erde.

D.h.: Sie stranden auf der Erde, oder parken Ihr Generationenraumschiff in der Umlaufbahn um die Erde.

Eine weitere Möglichkeit besteht darin, wie vorgängig beschrieben, dass Sie von einem Mond oder Planeten aus dem Hinterland des Sonnensystems stammen und dort es zu kalt geworden ist.

Nun möchten Sie auf der Erde leben, da diese die richtige Temperatur aufweist.

Nehmen wir mal an, dass Sie von einem Planeten wie Titan stammen, der gerade mal 0,14 g (Erde 1,0 g) an Schwerkraft hat. Sie seien unter anderem sehr schlank, haben 2,5 - 3 m Körpergrösse und seien 100 kg schwer und könnten 1'000 Jahre alt werden.

Frage:

Was tun Sie nun mit der 7-fachen Schwerkraft auf der Erde?

- > Da klappen Sie zusammen und stehen nicht mehr auf.

Mit Ausnahme von Jupiter ist die Erde, zusammen mit den Grossplaneten, ein Himmelskörper mit einer äusserst starken Schwerkraft. Diese resultiert aus dem spezifischen Gewicht der Erde.

Um es physikalisch korrekt zu sagen:

Die Erde hat auf der Oberfläche eine Fallbeschleunigung von - 9,81 m/s².

Um dieser Gravitation stand zu halten, braucht es neue Menschen mit kürzeren, stämmigen Beinen und einem massiven Knochenbau.

Feine, schlanke Menschen von 3 Meter Körpergrösse und über 100 kg Gewicht hätten es auf der Erde sehr schwer. Das sieht man immer wieder bei den zu gross gewachsenen Menschen mit über 2,5 Meter Körpergrösse. Die meisten dieser Menschen gehen am Stock nach einem Alter über 30 Jahren.

7.2 Nun beschliessen Sie, einen neuen Menschen zu züchten

Um dies auszuführen, falls Sie aus dem Sonnensystem stammen, benötigen Sie einen Stützpunkt in der Umlaufbahn um die Erde. Ein hin- und herpendeln vom Hinterland des Sonnensystems, wäre eine langwierige Angelegenheit.

Auch unser Mond eignet sich weniger als Raumstation, denn dieser ist ziemlich weit von der Erde entfernt und hat keine Atmosphäre.

Eine rotierende Raumstation wäre ideal. Dort könnten Sie all die nötigen Laboratorien einrichten. Zudem wäre ein andocken mit kleinen Raumschiffe sehr einfach zu bewerkstelligen und der Energieverbrauch wäre minimal.

Nun beginnen Sie mit verschiedenen Züchtungen von der eigenen Spezies, aber mit kürzeren Beinen, massiverem Knochenbau und besserer Muskulatur.

Nun stellen Sie sich weiter vor, dass Sie und Ihre Nachkommen bereits einige Menschenexemplare erschaffen hätten, die die Schwerkraft der Erde aushalten würden.

Sie, lieber Leser, hätten auch eine kürzere Lebensdauer der neuen Menschen ausgewählt, um die natürliche Auslese zu beschleunigen. 100 Jahre, also 10 mal weniger als Sie selbst, die Sie 1000 Jahre alt werden können.

Durch diese natürliche Auslese und den Willen der vermeintlichen "Götter", die Ungeeigneten einfach zu dezimieren (siehe AT und Henoch, wo der Herr ganze Städte ausradiert und die "Ungeeigneten" niedermetzelt, samt Frauen und Kindern) hätten sich jetzt ein paar Zehntausende geeignete Exemplare ergeben.

Nun kommen Sie, lieber Leser, mit Ihrem Feuerwagen wieder auf der Erdoberfläche, um nach dem Rechten zu sehen.

Unten gäbe es Eingeborene (Ihre Züchtung), die weder lesen noch schreiben könnten und keinen blassen Schimmer von Flugtechnik hätten.

Die Eingeborene würden sie sich vor Ihren Füssen zu Boden werfen und Sie wie einen Gott behandeln. Das würde Ihnen aber als hochintelligenter und gebildeter Mensch nicht passen.

Nun wollen Sie, lieber Leser, diesen Eingeborenen erklären, dass sie gar kein Gott sind. Schwer zu bewerkstelligen, glauben Sie mir.

Nun versuchen Sie diesen Eingeborenen zu erklären, dass auch Sie von einem noch höheren Wesen erschaffen wurden.

"Der Himmel, das Universum und das Meer der Sterne sei Ihre Mutter," erklären Sie den Eingeborenen. (vielleicht Tiamat, sumerisch)

"Und wer ist Dein Vater ?" werden diese ungebildete Menschen sofort fragen.

"Der Urknall" würde ich angeben (vielleicht Apsu, sumerisch oder Muspelheim, nordeuropäisch).

Vielleicht ist es so abgelaufen, vielleicht auch nicht. Tatsache ist, dass von alldem nichts Schriftliches überliefert wurde, sondern nur mündlich von Generation zu Generation.

7.3 Die ehemaligen Riesenmenschen auf der Erde

7.3.1 Abrahamistische Religionen und die Riesen

Zitiere Wikipedia (Jan. 2017):

Der erste Beleg für das Wort „Nephilim" in der Bibel findet sich im 1 Mos 6,4 EU: Göttliche Wesen männlichen Geschlechts (hebräisch האלהים בני benej ha'elohim „Gottessöhne") begehrten Menschenfrauen und diese wurden von ihnen geschwängert. Die Nachkommen waren die Riesen der Vorzeit.

Das Wort „Nephilim" erscheint noch einmal in 4 Mos 13,32-33 EU, wo die Söhne des Anak, die riesenhaften Anakiter, mit ihnen verglichen werden.

Ob „Nephilim" eine allgemeine Bezeichnung für Riesen oder einfach hünenhafte Menschen ist oder ob „Nephilim" nur die von den Göttersöhnen gezeugten Wesen bezeichnet, wird aus den angeführten Stellen nicht klar. In der Septuaginta wurde das Wort einfach mit „Riesen" (griechisch γίγαντες, gígantes) übersetzt.

Auch im **Buch Enoch**, im ersten Teil, finden wir wieder die Riesen:

Sie (die abtrünnigen Engel) sind zu den Menschentöchtern auf der Erde gegangen, haben bei ihnen geschlafen und mit den Weibern sich verunreinigt und haben ihnen alle Sünden geoffenbart. ***Die Weiber aber gebaren Riesen****, und dadurch wurde die ganze Erde von Blut und Ungerechtigkeit voll. Nun, siehe, schreien die Seelengeister der Verstorbenen und klagen bis zu den Pforten des Himmels.*

Weiter im Buch Henoch:

Da rief mich der Herr mit seinem Mund und sprach zu mir: Komm hierher, Enoch, und höre mein Wort! Da kam einer von den Heiligen zu mir, weckte mich auf, ließ mich aufstehen und brachte mich bis zu dem Tor; ich aber senkte mein Antlitz. Da versetzte er und sprach zu mir, und ich hörte seine Stimme: Fürchte dich nicht, Enoch, du gerechter Mann und Schreiber der Gerechtigkeit; tritt herzu und höre meine Rede. Geh hin und sprich zu den Wächtern des Himmels, die dich gesandt haben, um für sie zu bitten: Ihr solltet eigentlich für die Menschen bitten, und nicht die Menschen für euch. **Warum habt ihr den hohen, heiligen und ewigen Himmel verlassen, bei den Weibern geschlafen, euch mit den Menschentöchtern verunreinigt, euch Weiber genommen und wie die Erdenkinder getan und Riesensöhne gezeugt?** *Obwohl ihr heilig und ewig lebende Wesen wart, habt ihr durch das Blut der Weiber euch befleckt, mit dem Blute des Fleisches Kinder gezeugt, nach dem Blute der Menschen begehrt und Fleisch und Blut hervorgebracht, wie jene tun, die sterblich und vergänglich sind. Deshalb habe ich ihnen Weiber gegeben, damit sie sie besamen und mit ihnen Kinder zeugen, so daß ihnen also nichts auf Erden fehlt. Ihr aber seid zuvor ewig lebende Wesen gewesen, die alle Geschlechter der Welt hindurch unsterblich sein sollten. Darum habe ich für euch keine Weiber geschaffen, denn die Wesen des Himmels haben im Himmel ihre Wohnung. Aber die Riesen nun, die von den Wesen und Fleisch gezeugt worden sind, wird man böse Wesen auf Erden nennen, und auf der Erde werden sie ihre Wohnung haben.* **Böse Wesen gingen aus ihrem Leibe hervor, weil sie von Menschen geschaffen wurden, und <u>von den heiligen Wächtern ihr Ursprung und erste Grundlage herrührt</u>;** *böse Wesen werden sie auf Erden sein und böse Wesen genannt werden.* Die Geister des Himmels haben im Himmel ihre

Wohnung, und die Wesen der Erde, die auf der Erde geboren wurden, haben auf der Erde ihre Wohnung. Die Wesen der Riesen werden böse handeln Gewalttaten begehen, Verderben stiften, angreifen, kämpfen, Zertrümmerung auf Erden anrichten und Kummer bereiten; sie werden nicht essen, sondern hungern und dürsten und Anstoß erregen. Und diese Wesen werden sich gegen die Söhne der Menschen und gegen die Weiber erheben, weil sie von ihnen ausgegangen sind.

Hochinteressant ist dabei der obige Satz: *"Böse Wesen gingen aus ihrem Leibe hervor, weil sie von Menschen geschaffen wurden, und von den heiligen Wächtern ihr Ursprung und erste Grundlage herrührt."*

D.h. "von den heiligen Wächtern **ihr Ursprung und erste Grundlage herrührt** ". In heutiger Terminologie "**ihre DNA**". Anders ist das nicht zu interpretieren.

7.3.2 Nordischen Mythologie und die Riesen

Auch in der **nordischen Mythologie** findet man immer wieder die Menschen und die Riesen.

Als Beispiel davon im **Vaftrudnismal**:

Kapitel 49
Drei über der Völker Vesten schweben
Mögthrasirs Mädchen,
Die einzigen Huldinnen der **Erdenkinder***,*
Wenn auch bei **Riesen** *auferzogen.*

Hier scheinen die Götter (Riesen) nicht nur gezüchtet zu haben, sondern auch erzogen.

Auch in der **Völuspa (die Seherin)** geht es weiter mit:

Kapitel 2
*Weiß von **Riesen**, weiland gebornen,*
die einstmals mich auferzogen;
weiß neun Heime, neun Weltreiche,
des hehren Weltbaums Wurzeltiefen.

Ein paar Kapitel weiter ....

Kapitel 8
Sie pflogen heiter im Hof des Brettspiels
nichts aus Golde den Göttern fehlte -,
bis drei gewaltge Weiber kamen,
Töchter der Riesen, aus Thursenheim.

Kapitel 9
Zum Richtstuhl gingen die Rater (Götter) alle,
heilge Götter, und hielten Rat,
wer der Zwerge Schar schaffen sollte
aus Brimirs Blut und Blains Knochen.

Kapitel 10
Motsognir ward der mächtigste da
aller Zwerge, der zweite Durin;
die machten manche menschenähnlich,
wie Durin es hieß, die Höhlenzwerge.

Fraglich ist, wen man unter "die" versteht. Persönlich verstehe ich die "Rater", also Götter.

7.4 Das ungebremste Wachstum eines Menschen

Es geschieht immer wieder, dass ein Mensch nicht aufhört zu wachsen. Wir haben verschiedene Menschen, die weit über 2,5 m hoch werden. Also Menschen bis 3 Meter Körpergrösse. Meistens haben diese bereits im mittleren Alter Gehprobleme.

Leider kann ich hier keine Bilder bringen, da es eine Verletzung ihrer Privacy wäre.

Stecken vielleicht DNA-Probleme dahinter? Also Probleme der DNA, die beim Erschaffen des Menschen nicht ganz gelöscht werden konnten und immer wieder mal hier und mal dort auftauchen?

7.5 Die starken Indizien meiner Theorie über die Herkunft des Menschen

Ich zitiere vorerst Wikipedia:

2008 wurden Knochenfunde der **Denisova-Menschen** *aus der Denissowa-Höhle im Altai-Gebirge geborgen, die belegen, dass es vor rund 40.000 Jahren im Altai neben Homo sapiens und dem Neandertaler noch eine dritte, unabhängig von diesen beiden Arten dorthin eingewanderte Population der Gattung Homo gegeben hat, die bisher noch keinen Artnamen erhalten hat. Einer Forschergruppe um Svante Pääbo war es 2010 gelungen, zunächst mtDNA und später Zellkern-DNA aus einem 48.000 bis 30.000 Jahre alten Fingerknochen zu gewinnen.* ***Aus ihren Daten wurde abgeschätzt, dass sich die Entwicklungslinien des Neandertalers und des Denisova-Menschen vor 640.000 Jahren endgültig trennten und dass die endgültige Trennung*** *ihrer gemeinsamen Vorfahren von den Vorfahren der heutigen Afrikaner vor rund 800.000 Jahren erfolgte. Genetische Befunde deuten darauf hin, dass einige Ethnien in Ost-Indonesien, Australien, Papua-Neuguinea, Fidschi und Polynesien sowie auf den Philippinen DNA der Denisova-Menschen aufweisen, dass es also zu einer Paarung zwischen deren Vorfahren und Denisova-Menschen gekommen ist.(Wikipedia)*

Hinweise auf eine Vermischung von Homo sapiens mit archaischen Verwandten in Afrika ergaben eine Analyse des Genoms von 500 Afrikanern sowie die anatomischen Merkmale des Iwo-Eleru-Schädels. Die beobachteten genetischen Besonderheiten „bei Pygmäen- und Nicht-Pygmäen-Populationen" unter anderem in Kamerun und in der Demokratischen Republik Kongo könnten jedoch auch infolge eines früheren genetischen Engpasses, eines genetischen Flaschenhalses, zustande gekommen sein.(Wikipedia)

---

*Nachdem nicht mehr umstritten ist, dass **Homo floresiensis** eine eigene Art darstellt, gilt als gesichert, dass noch vor rund 60.000 Jahren eine weitere Art der Gattung Homo neben dem Homo sapiens existierte. (Wikipedia)*

Der obige, letzte Abschnitt ist der eigentliche Hammer. Plötzlich taucht ein Verwandter des Menschen auf, der tangential dazu kommt, aber nicht mit den anderen direkt verwandt ist. Da stellt sich wirklich die Frage:

Wie konnte überhaupt der <u>Homo floresiensis</u> entstehen?

Der Homo floresiensis ist eine ausgestorbene, kleinwüchsige Art der Gattung Homo. Sie wurde im 2003 auf der indonesischen Insel Flores entdeckt. Die neuesten Datierungen der Funde von 2016 werden als nicht jünger als 60.000 Jahre angegeben.

Stellen Sie sich vor: Da läuft ein Mensch herum, der sich mit uns wahrscheinlich reproduzieren kann, aber mit uns nicht verwandt ist.

Zudem soll der Homo floresiensis kleinwüchsig gewesen sein. Also kompatibel mit der enormen Schwerkraft der Erde.

7.6 Woher kamen die erschaffenden Götter?

Das ist für mich die erste und beste Frage. Über die Herkunft der Götter gibt es sehr viele glaubwürdige und weniger glaubwürdige Theorien.

Sie kamen mit einem Generationenraumschiff (siehe Kapitel 11), nach einer mehrere Jahrhunderte oder Jahrtausende dauernden Reise zu uns. Aber auf einem klassischen Generationenraumschiff dürfte die Gravitation höchstenfalls 0,2 g betragen, also 1/5 der Erdanziehungskraft.

Sie kamen von unserem Sonnensystem, (meine Theorie) von einem der grösseren Monde, die heute erkaltet sind, oder vom Mars, inzwischen ebenfalls erkaltet. Mit Ausnahme des Mars, dürfte auch hier die Gravitation 0,16 g nicht überschritten haben. Einzig Mars, als Alternative, bietet 0,36 g, aber auch nur 1/3 der Erde.

Sie stammten von der Erde selbst, die nach irgendeiner Katastrophe wirtschaftlich und technisch zurückgefallen war.

In meiner vorliegenden Theorie möchte ich den letzten Punkt (die Götter kamen von der Erde selbst) auslassen und mich auf die "auswärtigen Götter" konzentrieren.

Nun müssen wir uns fragen: Warum haben sich die "Götter" nicht ganz einfach auf unserem Planeten niedergelassen und mussten stattdessen ein "Abbild Gottes" von sich selbst erschaffen? Also die Menschen in ihren Laboratorien neu züchten.

Warum überhaupt die ganze Arbeit?

Aber nehmen wir einfach an, dass sie nur den Planeten Erde mit der richtigen Temperatur und dem richtigen Luftgemisch vorgefunden haben. Alle anderen Himmelskörper des Sonnensystems wären bereits zu stark erkaltet oder noch zu heiss gewesen. Die Grossplaneten kommen da nicht in Frage, da die Stürme darauf alles hinwegraffen. Was nun?

Nehmen wir an, die "Götter" kamen per Generationenraumschiff hierher oder von einem Mond des Sonnensystems. Aus dieser Theorie entsteht zwangsläufig der Fakt (wie bereits erwähnt), dass die Gravitation eines Generationenraumschiffes gerade nur ein Bruchteil derjenigen der Erde sein kann. Was nun? Sich auf der Erde plattdrücken lassen?

Auch wenn die Götter mit einem Science-Fiction-Raumschiff daher rasten, muss man sich die Frage stellen, ob ihr Ursprungsplanet die Dichte der Erde von 5,5 g/cm^3 gehabt haben könnte. Die Wahrscheinlichkeitsrechnung - **das Sonnensystem als Basis genommen** - sagt Nein. Eine solch starke Gravitation auf einem Planeten, der den richtigen Abstand zu seiner Sonne hat, dürfte möglich, aber weniger wahrscheinlich sein.

7.7 Warum haben "die Götter" den Menschen neu erschaffen?

Vielleicht hätte die Erde, als die Götter diese erreichten, die richtige Temperatur gehabt und alle anderen Himmelskörper wären zu kalt oder zu heiss gewesen. Auch dürfen wir nicht ausser Acht lassen, dass die Erde eine Schwerkraft (Gravitation) in etwa wie die Grossplaneten Saturn, Uranus und Neptun hat!

So könnte der Planet Erde mit seiner extrem starken Gravitation, die nur von Jupiter selbst übertroffen wird, eventuell die einzige Alternative damals gewesen sein und nicht unbedingt die beste Wahl. Zudem hat es auf der Erde Stürme mit Spitzengeschwindigkeiten bis zu 400 km/h gegeben. Ferner hat die Erde eine Dichte von 5,5 g/cm^3. Daraus resultiert (wie bereits erwähnt), dass sich in ihrem Mantel ein hoher Anteil an giftigen Schwermetallen befindet.

Nun, wenn "die Götter" unser "Original" sein sollten, dann resultiert daraus, dass sie zweibeinige Lebewesen waren.

Aber zweibeinige Lebewesen die gerade mal an nur 1/7 der Schwerkraft der Erde gewöhnt sind und zudem über 2,5 Meter hoch und somit sehr windanfällig sind, dürften auf der Erde eine unangenehme Umgebung vorgefunden haben.

Stellen Sie sich vor: Ein schlanker Riese von 3 Meter Grösse stolpert beim laufen und schlägt mit dem Kopf auf. Bei der Gravitation der Erde würde das sehr schlimme Folgen nach sich ziehen. Das ist ein weiterer Faktor.

7.8 Die Erschaffung des richtigen Menschen für den Planet Erde

Da die Götter einen Menschen erschaffen mussten, der -9,8 m/s^2 (also 1 g) und die starken Winde aushalten sollte, mussten sie diesen Menschen ein wenig anders konzipieren, als sie selber waren. Ich würde sagen: kurze, stämmige Beine, breite Schultern und kurzer Oberkörper. Also ein kleinerer Mensch als sie selbst und mit dickeren Knochen und bessere Muskulatur. Und vielleicht ist gerade dies der Faktor, der das Vorhandensein von Riesenmenschen in einer älteren Zeit beweisen könnte.

Aber eventuell war diese Aufgabe zu schwer und so entwarfen sie auch vierbeinige Lebewesen mit menschlichen Köpfen. Wer weiss? Legenden gibt es dazu in Ägypten genug.

Vielleicht haben sie auch eine Evolutions-Überlegung gemacht: Wenige solche Menschen erschaffen und die Lebensdauer verkürzen, so dass sie eine schnellere Evolution durchmachen könnten. Stellen Sie sich vor, statt 1'000 Jahre Lebensdauer nur noch 100 Jahre, d. h., in 1000 Jahren reproduziert sich ein Vielfaches an Menschen. Die Ungeeigneteren würden durch die Lebensfeindlichkeit der Erde dahingerafft werden und die geeigneteren könnten sich wieder reproduzieren. So würde eine natürliche Lebensselektion entstehen. Darwin lässt grüssen.

Warum wohl haben die Insekten 6 Beine und Spinnen sogar deren 8? Nicht zu vergessen all die Hüft- und Rückgratprobleme, die wir Zweibeiner im Alter bekommen. Ja, wir brauchen sogar spezielle Matratzen, um keinen Rückenschaden beim Schlafen zu erleiden. Und nicht die Vielfalt an orthopädischen Schuhen und rückenkonformen Stühle zu vergessen.

7.9 Weitere Indizien

Meiner Ansicht nach "strandeten" die Götter auf der Erde. Die zu starke Gravitation verunmöglichte den Start von der Erde selbst zu ihrem Raumschiff oder Raumstation. Was auch immer. Die Anunnaki lassen grüssen. "Der Hirte, der zum Himmel emporstieg" (siehe Gilgamesh Epos), aber es nicht ganz schaffte, ist ein Indiz dafür. Er wollte ja das "Gebärkraut" holen. Da musste es ja in der Umlaufbahn irgendetwas gegeben haben. Ein Labor? Eine Raumstation?

Auch die Temperatur spielt in meinen Überlegungen eine Rolle. Falls "die Götter" von einem erkalteten Mond des Sonnensystems kamen, dann musste es eine frische Bleibe in grosser Höhe gegeben haben. Auch die Götter des Olymps und der Anden lassen grüssen.

Auch wenn "die Götter" per Generationenraumschiff daher kamen, würde man in einem Generationenraumschiff die Temperatur aufs minimalste halten müssen, um auf der langen Reise Energie zu sparen. So wären auch hier die südamerikanischen Anden und der Olymp willkommene Orte.

7.10 Interstellare Raumfahrt

Ist die interstellare Raumfahrt mit der heutigen Technik möglich?

Ich behaupte JA. Nur die Fahrt würde sehr lange dauern. Es würden Jahrtausende vergehen, bis wir den nächsten Stern erreichen würden. Aus diesem Grund habe ich meine Ideen von einem **Generationenraumschiff** auf Papier gebracht (Siehe Kapitel 11). Man darf natürlich auch von einer Weltraumarche reden.

Wobei ich bewusst die zukünftige Technik auslassen will, weil wir diese noch gar nicht kennen!

Die Möglichkeit, mit der heutigen Technik so ein "Generationenraumschiff" zu bauen, besteht rein theoretisch, aber ist meiner Ansicht nach so teuer, dass die ganze Menschheit daran beteiligt werden müsste. In der Praxis würde dies bedeuten, dass unsere Raumschiffe Jahrhunderte lang unterwegs sein müssten. Zudem müssten diese Sternenschiffe eine bestimmte Mindestgrösse aufweisen. Und die Energie im Innern, in der Kälte des Weltraumes, müsste aus Kernenergie gewonnen werden, falls wir die kontrollierte Fusionstechnik noch nicht beherrschen sollten.

7.11 Fazit

Wäre es nicht sinnvoll, wenn wir wieder zusammenpacken würden und nach einer besseren und saubereren Bleibe mit weniger Gravitation Ausschau halten würden?

Wir könnten mit dem Bau eines Generationenraum-schiffes sooo vieel Arbeit produzieren, ohne Kriege führen zu müssen, denn die Waffenhändler hätten so eine neue Spielwiese, um Geld zu verdienen.

Kapitel 8
Die mögliche Existenz weiterer lebensfreundlicher Planeten

8.1 Wahrscheinlichkeitsrechnung

Wie bereits erwähnt, konnte man dank der neuen Technik und den neuen Teleskope bereits viele Planeten ausserhalb unseres Sonnensystems ausmachen.

So konnte festgestellt werden, dass praktisch jede Sonne verschiedene Planeten in seiner Umlaufbahn ihr Eigen nennt.

Nun wollen wir einmal feststellen, wie viele Sternen es in unserem bekannten Universum geben kann.

In der Milchstrasse (unsere Galaxis) gibt es etwa 150'000'000'000 Sterne.

Bekannt sind ca. 100'000'000'000 Galaxien oder gar mehr. Aber bleiben wir weiterhin mit den Füssen auf dem Boden und nehmen eine minimale Anzahl an, die nicht beanstandet werden kann.

Die Hochrechnung der ungefähren Sternenmenge ist sehr einfach
150'000'000'000 Sterne/Galaxien x 100'000'000'000 Galaxien = 15'000'000'000'000'000'000 Sterne (mindestens).

Angenommen bei jedem 100sten Stern gäbe es mindestens einen lebensfreundlichen Planeten und auf jedem 100sten dieser Planeten würde Leben entstanden sein, dann müssen wir ganz einfach die obige Zahl durch 10'000 teilen.

15'000'000'000'000'000'000'000/10'000 ergibt dann 1'500'000'000'000'000'000 Planeten in unserem Universum, auf denen sich Leben befindet.

Zu behaupten, nicht jeder Stern habe Planeten, fehlt jegliche sachliche und astrophysikalische Grundlage. Das kann man gar nicht begründen. Vielleicht gibt es irgendwo eine Ausnahme, mehr nicht.

Natürlich wird die Anzahl der Planeten variieren, aber, wenn man unsere Komposition Venus/Erde/Mars betrachtet, wo 3 Planeten innerhalb des richtigen Sonnenabstand sind, dann hat bestimmt jeder 2te Stern einen lebensfähigen Planeten. Und zudem dürfte mit dem Erkalten aller Sterne, die in den letzten Jahrmilliarden stattgefunden hat, bei jedem Stern irgendeinmal ein lebensfähiger Planet vorhanden gewesen sein. Wenn wir jetzt dazu Darwin und das Kambrium einfliessen lassen, dann gibt es im Weltall eine Unmenge an verschiedenen Lebensformen.

Dass es kein Leben auf anderen Planeten geben soll, ist eher der tiefe psychische Wunsch des Menschen, einen höheren Wert zu haben und im Zentrum des Geschehens stehen zu wollen. Dr. Freud lässt grüssen.

8.2 Die richtige Temperatur für die Ursuppe

Als richtige Temperatur, damit Leben auf der Basis von Kohlenwasserstoffen entstehen kann, betrachte ich persönlich eine Durchschnittstemperatur von 15 - 35 ° Celsius. Vielleicht auch weniger oder ein bisschen mehr.

Bei noch höheren Temperaturen könnte eventuell eine andere Art von biologischen Verbindungen entstehen. Bei tieferen Temperaturen eher weniger, aber wissen tun wir es nicht.

Die richtige Dauer dieser Temperatur

Die richtige Dauer dieser Temperatur muss höchstenfalls eine Kambriumlänge von 550 Millionen Jahren sein. Das Leben selbst, also einfache Einzeller und Mikroorganismen, können schon nach ein paar Millionen Jahren entstehen.

Eine bestimmte Gravitation

Meiner Ansicht nach muss einfach soviel Gravitation vorhanden sein, dass alles auf dem Boden bleiben kann. Also würden 0,1 g bis 1,2 g vollkommen reichen. Und eine solche Gravitation gibt es auf fast allen mittleren Planeten, die einen Durchmesser zwischen 3'000 und 15'000 km aufweisen.

8.3 Die Drehung (Rotation) des Planeten im richtigen Takt

Die Rotation eines Planeten ist meiner Ansicht nach sehr wichtig, wenn das Leben auf der Oberfläche oder Meere entstehen soll. Die irrsinnige Rotation von Saturn oder Jupiter lässt automatisch Stürme entstehen, die alles dahinraffen werden. Auch die daraus entstehenden elektrischen Entladungen (Blitze) dürften für eine bestimmte Lebensqualität nicht optimal sein.

Andererseits muss der Planet rotieren können, damit er von allen Seiten durch sein Zentralgestirn gleichmässig erwärmt wird. Merkur und unser Mond, zum Beispiel, rotieren nicht. Demzufolge glüht die sonnenzugewandte Seite des Merkur mit bis zu 600° C und auf der sonnenabgewandten Seite herrschen Minustemperaturen. Das ist für die Lebensentstehung bestimmt nicht ideal.

8.4 Eine bestimmte Lichtmenge (vielleicht auch nicht)

Für die Photosynthese brauchen unsere Pflanzen eine bestimmte Lichtmenge. Aber in den dunklen Meerestiefen von 4'000 m findet man sehr viele Lebensformen. Also ist Licht nicht unbedingt massgebend.

8.5 Die Atmosphäre eines Planeten

Vielleicht braucht es für das Kambrium auf einem anderen Planeten auch eine Atmosphäre. Trotzdem könnten sich in warmen Gewässern, unter der Erde, irgendwelche Lebensformen nach den darwinschen Prinzipen entwickeln.

8.6 Das Wasser

Wasser müsste zwangsläufig auf allen Planeten bereits vorhanden sein, da H und O einfache Grundelementen darstellen. Vielleicht flüssig wie auf der Erde, als Eis wie im Hinterland unseres Sonnensystems oder als verdampftes Wasser in der Atmosphäre der Venus.

Kapitel 9
Ein Tropfen Meerwasser

9.1 Einleitung

Genügt ein Tropfen Meerwasser um einen Planeten zum Leben zu erwecken?

Sehr viele können sich nicht vorstellen, wie schnell man einen leblosen, sterilen Planeten "infizieren" kann.

Ich überlege mir immer wieder: Wie kann man einen "neuen", sterilen Planeten, der sich in der richtigen Entfernung zu seinem Zentralgestirn befindet, zum Leben erwecken? Dies sehe ich in Zusammenhang mit einem Generationenraumschiff.

9.2 Der Belebung eines sterilen Planeten

Falls die Temperatur stimmt und unter der Annahme, dass sich der Planet um seine eigene Achse dreht, ist es sehr einfach zu handhaben. Man gebe einen Tropfen unseres Meerwassers in einen seiner Ozeane und innert eines Jahres hat man auf dem ganzen Planeten genügend Sauerstoff für die Tierwelt. Natürlich auch unter der Annahme, dass es noch genügend vulkanische Tätigkeit gibt, um CO_2 zu erzeugen. Denn ohne CO_2 gibt es keine Photosynthese und somit keinen Sauerstoff.

Ah, hatte noch vergessen zu sagen: 90% des Sauerstoff der Erde stammt aus den Algen der Gewässern und nicht von terrestrischen Pflanzen.

9.3 Annahmen und Fakten

Zum Beispiel: Gehen wir davon aus dass unserer Sonne langsam der "Brennstoff" ausgeht. Ich betone: "langsam". D.h. wir hätten später, für einige hundert Millionen Jahre eine Venus mit der richtigen Temperatur. Das Wasser, das heute die Venus in seiner sehr heissen Atmosphäre beherbergt, würde sich auf den Grund niederschlagen und riesige Gewässer bilden. Nun sehe ich folgenden Ablauf:

9.3.1. Die heutige Venus

Die heutige Venus ist ein sehr heisser Planet, dessen Atmosphäre aus 95% CO_2 besteht. CO_2 wird durch vulkanische Tätigkeiten erzeugt. CO_2 ist das wichtigste Gas, das unsere Pflanzenwelt auf der Erde braucht. Durch die Hitze der Sonnenstrahlen und der Wärme die aus dem Venusinneren kommt, erreicht der Boden der Venus eine Temperatur von über 400 ° C. Dadurch ist der Boden leicht rötlich und selbst Zinn wird darauf flüssig. Die Stürme auf der Venus erreichen Windgeschwindigkeiten bis zu 350 km/h.

Für das biologische Leben der Erde ist die heutige Venus ein unwirtlicher, ungeeigneter und tödlicher Planet.

9.3.2. Die Venus der Zukunft als Beispiel

In einigen hundert Millionen Jahren werden sich die Sonne und das Innere der Venus stark abgekühlt haben. Die Stürme werden dadurch nachlassen. Das Wasser und andere - vormals gasförmige Stoffe - werden sich dann niedergesetzt haben und Gewässer bilden. Die Säuren dürften dadurch neutralisiert worden sein und nun entstehen sterile Meere, ohne jegliches Leben.

Nun behaupte ich, dass ein einziger Tropfen unseres "heutigen" Meerwassers genügen würde, um der Venus innert einem einzigen Jahres eine Lufthülle mit genügendem Sauerstoff zu schenken.

Wie das ablaufen soll, möchte ich weiter unten darlegen.

9.3.3. Die Zellteilung der Meeralgen

Die Venus dreht sich ja langsam um die eigene Achse, und so dürfte diese Sonnenscheindauer ununterbrochen 120 Tage lang wirken.

Wenn wir davon ausgehen, dass die Zellteilung - bei den einfachen Einzeller (Algen) jede paar Stunden stattfindet, dann ergibt sich daraus eine enorme Zahl von Zellen in 120 Tagen. Diese 120 Tage entsprechen in etwa einem Sonnentag auf der Venus.

Die Algen benötigen Kohlendioxyd (CO_2), Wasser und Licht. Davon gibt es auf der Venus genug.

Nun rechnen wir mal

Jede 24 Stunden (auf der morgigen Venus) würde sich die Zelle 3 mal teilen. Also jede 8 Stunden. D.h. die Algen vermehren sich durch Verdoppelung 3x am Tag.

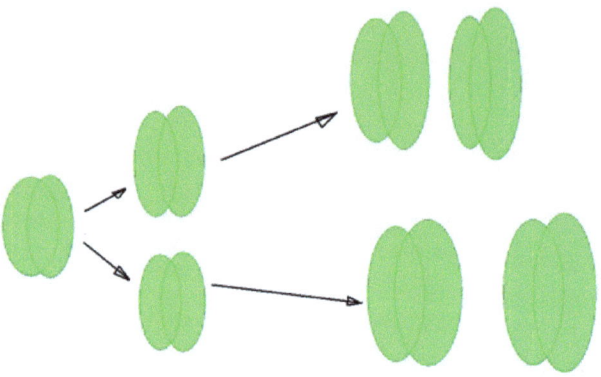

Vervierfachung der Einzeller in mindestens 16 Stunden

Zellverdoppelungen

Es ergibt sich 120 Tage x 3 "Verdoppelungen" = 360 "Verdoppelungen".

Die weitere Berechnung ist nun einfach:

2^{360} (2 hoch 360) planetendeckende Anzahl einzelliger Algen.

Die Photosynthese nochmals erläutert:

$6\ H^2O + 6\ CO^2 + Licht = 6\ O^2 + C^6H^{12}O^6$

Damit hätten wir das Sauerstoffproblem gelöst. Auf einem Planeten, wo die Temperatur stimmt und genügend CO^2 (Kohlendioxyd) vorhanden ist, kann man innert eines einzigen Jahres eine Lufthülle mit Sauerstoff erzeugen. Dies mit Hilfe von einzelligen Meeralgen.

Natürlich nur, wenn die vulkanische Tätigkeit in genügendem Maße (wie auf der Erde) noch aktiv ist, wird genügend Sauerstoff von den Algen aus dem CO^2 produziert werden können. Ansonsten kann man nachdoppeln mit einzelligen, zoologischen Bakterien, die CO^2 produzieren.

Nun kann die Arche Noah landen.

Aber genau das, was bei der zukünftigen Venus ablaufen könnte, ist wahrscheinlich auf der gestrigen Erde geschehen.

Kapitel 10
Die Grenzen der menschlichen Phantasie und dessen Intelligenz

10.1 Allgemein

Unter uns Präastronautik- und Alien-Freunden macht mir immer wieder etwas Sorge.

Wenn ich davon rede, dass unsere Sonne irgendwann zu kalt wird und unsere Erde zum Tod verurteilt wird, dann erhalte ich mit 99,999% Sicherheit in etwa folgende Antworten:

"Was soll mich schon interessieren, was in 5 Milliarden Jahren geschieht?"

"In 5 Milliarden Jahren ist sowieso alles anders"... usw. usw.

Aber gerade diese kurzsichtigen Antworten zeugen von Unglaube gegenüber extraterrestrischen Lebewesen und der Präastronautik.

Denn eines müssen wir auch klarstellen: Sollte unsere Erde von einem Riesenmeteoriten getroffen und in Stücke auseinandergerissen werden, dann ändert sich in unserem Universum gar nichts. Unsere Sonne und die anderen Planeten des Sonnensystems werden weiter ihre Runden drehen, als sei gar nichts geschehen.

Ein paar meiner Gedanken zu diesem Thema

- Was ausserhalb der Erde stattfindet - oder stattfinden kann - will man nicht wahrhaben.

Unser Zentralgestirn dürfte schon mehrmals stufenweise "erkaltet" sein und die hinteren Planeten des Sonnensystems zu Eiswüsten verwandelt haben. Und genau dort hätte bereits früher die Ursuppe entstanden sein können.

- Genau so, wie unsere Sonne erkaltet, könnten bereits andere Sonnen in derselben Phase Tausende von Jahren früher gewesen sein und so irgendwo in der Milchstrasse den Bau eines Generationenraumschiffes gefördert haben.
- Es gibt Theorien, die nicht 5 Milliarden Jahren weit gehen, bis unsere Sonne eine weitere Abkühlungsperiode einleiten wird, sondern dies viel, viel früher geschehen könnte.

Hier könnte ich noch 100 weitere Punkte aufführen, warum mich die obigen, schablonisierten Aussagen meiner Freunde stören, aber das ginge dann zu weit. Aber wäre es nicht sinnvoll, wenn man sich bemühen würde, sich ein Leben ausserhalb unserer Erde vorzustellen? Wenn man nicht in Milliarden Jahren rechnet, über Tausende von Lichtjahren redet und unser Universum nicht in unseren Überlegungen mit einbezieht, dann hat es keinen Sinn, über die Präastronautik zu reden.

Um über Paleoseti und Präastronautik zu diskutieren bedarf es, über weite Vergangenheit und die weite Zukunft der Geschichte und den astrophysikalischen Abläufen zu reden. Die Präastronautik (die Götter kamen von den Sternen) stützt sich nicht nur auf Artefakte und alte Schriften, sondern auch auf die theoretischen Möglichkeiten der Astrophysik und der Biologie. Denn eines müssen wir auch hinterfragen:

Warum und wie kamen die Götter von den Sternen zu uns?

Kapitel 11
Das Generationenraumschiff

11.1 Allgemeines

Nehmen wir mal an, dass die Götter von einem benachbarten Stern kamen. Damit meine ich natürlich nicht von Titan und widerspreche mich selbst (lach). Aber gerade um Titan als menschlicher Ursprung zu bekräftigen, muss ich genügend tolerant sein, um auch eine andere Lösung zu präsentieren. Also eine mögliche Lösung, die jedoch komplexer ist, als die Theorie von Titan. Ein "normales" Überlichtraumschiff schliesse ich aus. Einstein lässt grüssen.

Dazu eignet sich ein Generationenraumschiff, um von einem benachbarten Sternensystem zu kommen. Die Erde als Ursprung der Menschen schliesse ich nach wie vor aus.

Wobei man auch überlegen könnte, ob doch nicht der Mensch mit einem Generationenraumschiff daher kam und vor Jahrmilliarden zuerst Titan bevölkerte. Warum nicht?

11.2 Das "selbstgebaute Generationenraumschiff

In diesem Kapitel erlaube ich mir, die Möglichkeit eines "selbstgebauten" Generationenraumschiffes zu präsentieren. D.h. dieses Raumschiff würde von Grund auf komplett gebaut und kein ausgebauter Mond sein.

Die Möglichkeit, mit der heutigen Technik so ein "Generationenraumschiff" zu bauen, besteht rein theoretisch ganz bestimmt, aber ist meiner Ansicht nach so teuer, dass die ganze Menschheit daran beteiligt werden müsste. In der Praxis würde dies bedeuten, dass unsere Raumschiffe jahrhundertelang unterwegs sein müssten. Zudem müssten diese Sternenschiffe eine bestimmte Mindestgrösse aufweisen und die Energie im Innern, in der Kälte des Weltraumes, müsste aus Kernenergie gewonnen werden, falls wir die kontrollierte Fusionstechnik noch nicht beherrschen sollten.

11.2 Interstellare Raumfahrt mit der heutigen Technik

Ist die interstellare Raumfahrt mit der heutigen Technik möglich?

Ich behaupte JA. Nur der Flug würde sehr lange dauern. Es würden Jahrhunderte, wenn gar nicht Jahrtausende vergehen, bis wir den nächsten Stern erreichen würden. Aus diesem Grund habe ich meine Ideen von einem Generationenraumschiff auf Papier gebracht. Man darf natürlich auch von einer Weltraumarche reden.

Wobei ich bewusst die zukünftige Technik auslassen will, weil wir diese noch gar nicht kennen!

11.3 Das Generationenraumschiff, Typ Phobos

Ich nenne es einfach "Typ Phobos", da es starke Ähnlichkeit mit dem gleichnamigen Marsmond hat.

Nehmen wir mal an, dass wir das interstellare Raumschiff im Weltall draussen bauen und es so viel leichter haben, diesem den richtigen Schub zu geben. Dieses Generationenraumschiff würde ich in einer Umlaufbahn um den Mond zusammenbauen.

Ferner wird angenommen, dass das Raumschiff dieser Grössenordnung ca. 2 % der Lichtgeschwindigkeit erreicht und somit mindestens 200 Jahre lang zu den 3 Sonnen des Alpha Centauri-Systems unterwegs wäre.

11.4 Bedingungen

Meiner Meinung nach müsste dieses gewaltige Raumschiff folgende Bedingungen erfüllen:

- 2 % Lichtgeschwindigkeit (NICHT 2x Lichtgeschw.)
- Muss vorne eine sehr schwere Panzerung zum Schutz gegen Kollisionen mit Mikroasteroiden (in der Grösse von Sandkörnern) haben.
- Muss selbständig die 2 % Lichtgeschwindigkeit wieder abbremsen können (das ist die schwerste Bedingung).
- Muss Kältelaboratorien haben, die eingefrorenen Embryonen und Samen unserer Lebewesen enthalten.
- Im Schiff muss man irgendwie Nahrungsmittel für die Besatzung herstellen können.
- Im Innern muss Ackerbau in grossen Gewächshäusern möglich sein.
- Man muss das Raumschiff während 200 Jahren von Innen aus instand halten können (das bedingt mechanische und elektronische Werkstätten);
- Muss in der Kälte des Weltraumes Energie erzeugen können (das geht nur atomar)

Wenn man diese und vielleicht noch andere Bedingungen zusammenzieht, dann ergibt dies zwangsläufig ein sehr grosses Raumschiff.

11.5 Aussehen und Grössenordnung

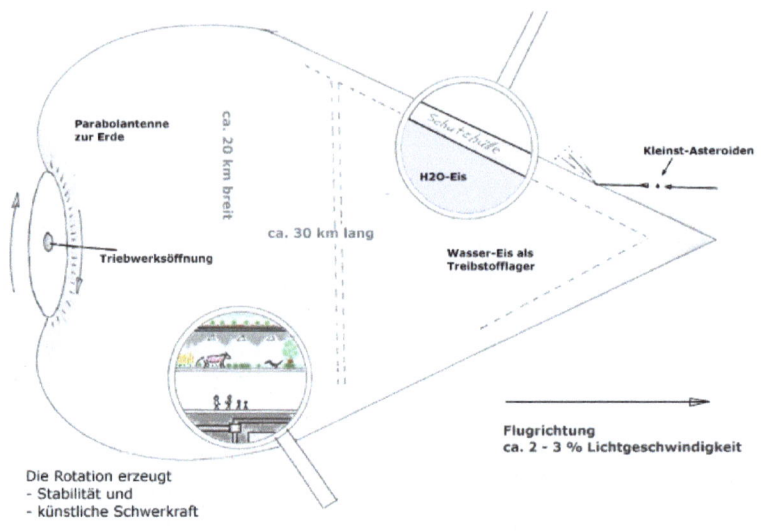

Dieses "kleine" Generationenraumschiff hätte in etwa folgende Grösse:

- **Länge ca.:**   30 km
- **Durchmesser ca.:**   20 km
- **Besatzung:**   5'000 - 20'000 Personen

Die Besatzung würde ich persönlich möglichst klein behalten. So können Resourcen gespart werden.

11.6 Die Panzerung gegen Mikroasteroiden

Mikroasteroiden in der Grösse von Sandkörnern, die mit 2 % Lichtgeschwindigkeit auf das Generationen-raumschiff prallen, haben die Wirkung von schweren Fliegerbomben.

Die Panzerung aus bestem Stahl und die scharfe Spitze des Raumschiffes müssen dies aushalten.

Die Kolumbus-Eikugel-Form ergibt sich damit zum Schutz vor der möglichen Kollision mit Asteroiden. Und wie eine Gewehrkugel müsste es rotieren, um sich im Raum zu stabilisieren. Durch diese Zentrifugalkraft erzeugt es dann im Innern eine künstliche Schwerkraft.

Die Eikugel ist besonders beim Abbremsen - das wahrscheinlich einige Jahre dauert - nicht unbedingt die beste Lösung. Sobald sich das Raumschiff wendet, um abzubremsen, ist es einige Zeit auf Gedeih und Verderben den Mikroasteroiden ausgeliefert, die nun senkrecht aufprallen.

Die meisten Menschen können sich nicht vorstellen was es heisst, wenn ein Sandkorn senkrecht, mit 2 % Lichtgeschwindigkeit, auf eine Metallfläche prallt. Eine 500 kg Fliegerbombe hätte die gleiche Wirkung.

2 % Lichtgeschwindigkeit sind 21,6 Millionen km/h oder 6'000 Kilometer pro Sekunde.

Mit anderen Worten müsste dieses Generationen-raumschiff einen spitzzulaufenden Bug aus dickem Stahl haben. Dabei denke ich an eine Stahlwandstärke von mindestens 10 Metern. Aber nicht zu vergessen ist die Tatsache, dass wir dieses Gewicht beschleunigen und nach ein paar Jahrhunderten abbremsen müssen.

Dieses Raumschiff könnte vielleicht mit mehreren Antriebsstufen versehen werden. Beim Start vielleicht 2 Antriebsstufen verwenden. Am Ziel jedoch noch eine "Bremsstufe" und danach das eigene Triebwerk. Das Triebwerk ist für Kurskorrekturen wichtig und vor allem für das Abbremsen am Ziel. Insbesondere muss dieses Triebwerk einen Wirkungsgrad von über 90 % haben. Es darf beim Abbremsen keinen Treibstoff verschleudern. Andererseits ist im freien Raum die Stärke des Schubes gar nicht so wichtig. Mit einem ganz geringen Schub (aber von sehr langer Dauer) kann man in der Schwerelosigkeit des Weltalls sehr viel erreichen.

Beim Abbremsen könnte nach einer bestimmten Geschwindigkeit ein Teil der Panzerung abgeworfen werden. Das würde sehr viele Ressourcen sparen. Nicht nur Wasser und sonstige Treibstoffe, sondern auch das Abbremsen erleichtern.

11.7 Das Haupttriebwerk:

Als Haupttriebwerk stelle ich mir ein Uran-Triebwerk vor, das mit Wasserdampf betrieben wird. Das heisst, dass Wasser zu einem sehr heissen Wasserdampf umgewandelt wird. Daraus entsteht sehr starker Druck. Wenn man die Triebwerksdüse genau berechnet, könnte der Wasserdampf unter dem äusserst starken Druck nach hinten parallel ausströmen und so den Schub erzeugen. Zudem würde das verdampfende Wasser das Triebwerk kühlen.

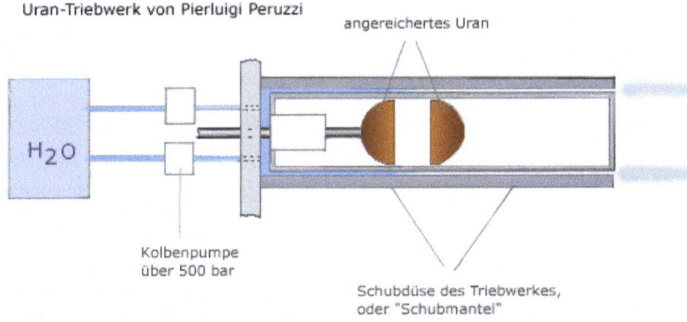

Dabei denke ich an einer Arbeitstemperatur von circa 400 - 600 ° Celsius.

Natürlich könnten bei grösserer Fahrt auch andere Triebwerke noch mitwirken, die mit Sternenlicht einen geringen Schub mitgeben. Denn man darf nicht vergessen, dass draussen im Weltall das Licht der Milchstrasse sehr stark ist.

11.8 Die Besatzung und das Überleben

Bei einer solchen Grösse wären grosse Gewächshäuser im Innern gut möglich. Dafür könnte man etliche Quadratkilometer Fläche nutzen. Der äussere Umfang ist ja über 60 km. Natürlich müssten die Geburten von Mensch und Tier mit den Sterbefällen koordiniert werden. Anders wäre es gar nicht möglich.

Auch die Religion und das soziale Gefüge müssten sehr gut durchdacht werden. Man müsste verhindern, dass die Besatzung eine eigene Religion entwickelt. Also muss schon von vornherein eine gute Religion gewählt und angepasst werden.

Auch wichtig: das Raumschiff müsste absolut hermetisch abgedichtet sein und im Falle einer grösseren Asteroiden-Kollision müssten mehrere Kammern noch intakt bleiben.

Da muss man sich wieder fragen: Wer soll das bezahlen?

Andererseits würde der Bau eines Raumschiffes dieser Grösse sehr viel Arbeit und Umsatz ergeben! Warum also nicht?

Kapitel 12 - Fazit

12.1 Fazit zum möglichen Atlantis ausserhalb der Erde

Wenn man also davon ausgeht, dass die Erde nicht flach ist und auch nicht das Zentrum des Universum darstellt, dann muss man sich fragen: "Warum soll nur auf der Erde Leben entstehen können?"

In anderen Worten kann die Herkunft des Menschen auch von einem anderen Himmelskörper kommen.

„Atlantis" habe ich dieses Buch betitelt, weil Atlantis eben doch ein Heim eines Gottes war und zudem einiges mit Midgard übereinstimmt.

Ob dann meine Theorie stimmt oder nicht, wird die heutige, jüngere Generation noch erleben können. Chinesen und Inder werden nicht schweigen, wenn sie relevante Artefakte im Sonnensystem finden sollten.

Sollte jedoch wirklich nichts vorhanden sein, dann können Sie dieses Buch unter den "Alten Theorien" versorgen.

- Ende -

Werbung

Vom selben Autor:

Der Irre von Palenque in seiner fliegenden Kiste

DER IRRE VON PALENQUE
Peruzzi, Pierluigi

Paperback
196 Seiten
ISBN 978-3-7431-6295-2

www.bod.ch

Kein Früchtebaum, keine religiöse Handlung und schon gar kein UFO, sondern eine fliegende Kiste, hergestellt aus den Resten, die noch übriggeblieben sind. Damit meine ich die Reste einer Hochkultur auf der Erde. Allenfalls die Reste, die Schiffbrüchige auf der Erde hinterlassen haben.

Ebenfalls über den Verlag Books on Demand, Norderstedt – www.bod.ch

Cilla & Rolf Börjlind • Das Auge der Nacht

Cilla & Rolf Börjlind

Das Auge der Nacht

Kriminalroman

Aus dem Schwedischen von
Susanne Dahmann und Julia Gschwilm

btb